Langues pour tous
Collection créée par
Jean-Pierre Berman, Michel Marcheteau et Michel Savio

Le polonais tout de suite !

par

Nathalie Bolgert
&
Joanna Grzybowska

Bonus ! La version audio de ce titre est disponible gratuitement en téléchargement sur www.bonus.languespourtous.fr

POCKET

Présentation

Le polonais tout de suite ! est un ouvrage qui ne nécessite aucune connaissance grammaticale et linguistique préalable ! Il est destiné à tous ceux qui, pour une raison ou une autre, n'ont pas le temps de se consacrer à un apprentissage systématique.

• Il s'agit donc d'un manuel court, conçu pour aider ses utilisateurs à exprimer un certain nombre de messages simples et pratiques.

• Pour ce faire, il part de formules et d'expressions en français dont il propose l'équivalent en polonais. Ainsi dès la première unité de ce livre vous pouvez être opérationnel TOUT DE SUITE.

Le polonais tout de suite ! comprend deux parties :

Partie A, de 1 à 20 :

• Vingt unités de quatre pages construites autour de formules de grande fréquence : *je suis, je voudrais, combien... ?, comment... ?, pourquoi... ?,* suivies d'un vocabulaire de base le plus concret possible.

• Des explications et des remarques élémentaires viennent s'y ajouter, renforcées par des exercices avec correction instantanée, ainsi que des **points de civilisation.**

Partie B, de 1 à 20 :

• Vingt unités présentent le vocabulaire par centres d'intérêt : nourriture, logement, transports, santé, etc.

• Des exercices avec correction instantanée utilisent les structures et les formules proposées dans la partie A. S'y ajoutent également des **informations pratiques.**

➡ En fin de volume, un **mémento grammatical** permet à ceux qui le souhaitent un survol des conjugaisons et présente des tableaux d'éléments de base. Un **lexique** d'un millier de mots peut être utilisé comme dictionnaire de poche dans les deux sens (polonais/français – français/polonais).

Conseils d'utilisation

• **Partie A :** vous pouvez soit l'étudier systématiquement pour vous initier rapidement aux structures les plus courantes du polonais, soit, en cas d'urgence, recourir directement à la structure dont vous avez besoin, par exemple A8 : *« Je veux », « Je voudrais »*... et la mettre TOUT DE SUITE en application.

• **Partie B :** vous pouvez soit étudier systématiquement les différents secteurs de vocabulaire qui vous sont proposés, soit choisir celui dont vous avez besoin TOUT DE SUITE.

ISBN : 978-2-266-22845-9

Sommaire

Sommaire (suite)

PARTIE B

Prononciation

• Pour vous faciliter la lecture du polonais, vous trouverez devant les mots nouveaux une transcription directement lisible en français.

• Il faut cependant apprendre à maîtriser la lecture des mots. Pour cela, il faudra vous entraîner à lire les mots sans avoir recours à la transcription.

• Vous pouvez, chaque fois que nécessaire, vous reporter au tableau suivant, où sont présentées, avec des explications, les lettres – consonnes et voyelles – différentes du français.

VOYELLES :

a	[a]	Comme le français p**a**p**a**.
ą	[an]	C'est une voyelle longue et nasale, intermédiaire entre le **« on »** et le **« an »** français, parfois même presque équivalente à un **« a »** suivi d'un **« on »**. Suivant les cas, elle peut se prononcer presque comme un « an » français (m**ą**ż, mari : m**ân**j ; presque semblable au français « mange »), ou presque comme un « on » (s**ą**, ils sont : s**ôn** ; presque semblable au français « son »).
e	[è]	Comme dans « lèvre ». Le e polonais est toujours prononcé (il n'est jamais muet).
ę	1) [in]	Proche de la prononciation de chi**en**, ou moy**en.** On trouve cette prononciation surtout en milieu de mot. Exemple : klęska (catastrophe) se prononce : *klinska.*
	2) [en']	Parfois, cette voyelle est moins nasalisée et on entend **en'** (comme dans chi**enne**, moy**enne)**. Exemple : zajęty (occupé) se prononce : *zayèn'ty.* **Devant** un –p ou un –b, ę se prononce *em'*. Exemple : zęby (les dents) se prononce : *zém'by.*
	3) [è]	Parfois aussi, la nasalisation disparaît presque complètement et **ę** se prononce comme **e** (notamment à la première personne des verbes : lubi**ę** peut se prononcer « loubi**in** » ou « loubi**è** »).
i	[i]	Comme dans Paris. Attention, après un certain nombre de consonnes (voir plus bas), le i n'est pas vraiment une voyelle distincte, mais fait corps avec la consonne. On dit qu'il la « mouille », c'est-à-dire qu'il en transforme la prononciation.
o	[o]	O ouvert, comme dans p**o**mme, h**o**mme.
ó	[ou]	Comme dans ch**ou.**
u	[ou]	Il n'y a pas de différence de prononciation entre **o** et **u.**
y	[ey]	C'est un son intermédiaire entre le i et le é français ; en général, si on prononce comme un i français, on se fait comprendre. Cependant, il faut essayer de distinguer le i et le y : le y se prononce en rapprochant plus les commissures des lèvres.

➡ Attention : en polonais, **toutes les voyelles sont prononcées,** elles ne se combinent pas pour former de nouveaux sons. Par exemple : **Au**tobus : ***Aou**tobous.*

CONSONNES : b, d, f, g, k, l, m, n, p, t, z, se prononcent comme en français.

c	[ts]	Comme dans **Ts**igane.
cz	[tch]	Comme dans **Tché**coslovaquie.
ć	[tch']	Proche du tch de Tchécoslovaquie, mais plus mouillé et palatal, c'est-à-dire prononcé avec l'arrière du palais. S'écrit surtout à la fin des mots.
ci	[tch']	Comme ć. S'écrit surtout en début et en milieu de mot. Dans ce cas, le i fait corps avec le c, et n'est pas prononcé individuellement
h	[h^r]	C'est un « h » très aspiré, c'est-à-dire qu'on expire fort en le prononçant. Ce son n'a pas d'équivalent en français, se prononce presque « hr », mais sans qu'on entende le « r » individuellement. Il rappelle des sons que les Français connaissent plutôt en arabe.
ch	[h^r]	Il n'y a aucune différence de prononciation entre h et ch.
j	[ï]	Comme dans ***yo**yo*. Ja (*je*) se prononce *ïa*. Il faut toujours prononcer le j, même à la fin des mots. Par exemple « daj » (*donne*) qui sera transcrit *daï* se prononce « *daille* ».
ł	[w']	Comme le w anglais, ou le « ou » de oui. Ławka (un *banc*) : *w'avka*.
ń	[gn]	Comme dans *ga**gn**er*.
r	[r]	R légèrement roulé avec l'avant de la langue, un peu comme dans le Sud-Ouest de la France. En cas de difficulté, on peut éventuellement le prononcer presque comme un r français, ce qui d'ailleurs se pratique dans certaines régions de Pologne.
rz	[j]	Comme dans **j**ouer. Ne pas essayer de prononcer individuellement le r puis le z, puisque ces deux consonnes sont indissociables et forment un « j ».
s	[s]	Toujours dur comme dans *siffler* (jamais équivalent au z comme dans *rose*).
sz	[ch]	Comme dans ***ch**at*.
ś	[ch']	Proche du ***ch*** français, mais prononcé « mouillé » et palatal, c'est-à-dire prononcé avec l'arrière du palais. S'écrit surtout en fin de mot
si	[ch']	Comme **ś**. S'écrit surtout en début et en milieu de mot. Dans ce cas, le i fait corps avec le s et n'est pas prononcé individuellement
w	[v]	Comme dans ***v**oyager*. Parfois, notamment en fin de mot ou devant certaines consonnes, se prononce **f** : syn**ów** (*des fils*) : *syno**uf***.
ż	[j]	Comme dans *jouer* (même prononciation que **rz**).
ź	[j']	Proche du **j** français, mais prononcé « mouillé » et palatal, c'est-à-dire prononcé avec l'arrière du palais.
zi	[j']	Comme **ź**. S'écrit surtout en début et en milieu de mot. Dans ce cas, le i fait corps avec le z et n'est pas prononcé individuellement.

Partie A

(1-20)

Un enregistrement d'environ une heure vous permet de vous familiariser avec la prononciation du polonais en écoutant et en répétant les modèles de phrases proposées dans les deux premières pages des unités A1 à A20 (ainsi que B1).
Cet enregistrement est disponible gratuitement en téléchargement sur www.bonus.languespourtous.fr

Dans les leçons A2 à A5 un bref survol des dates clés de l'histoire tourmentée de la Pologne permet de mieux comprendre la diversité et la richesse culturelle de ce pays.

A1 Je suis

Je suis

1. content
2. contente
3. enchanté
4. enchantée
5. fatigué
6. fatiguée
7. malade *(masc.)*
8. malade *(fém.)*
9. occupé
10. occupée
11. libre *(masc.)*
12. libre *(fém.)*
13. marié
14. mariée

15. en vacances
16. en voyage d'affaires

17. français
18. française
19. polonais
20. polonaise
21. professeur
22 étudiant
23. étudiante
24. homme d'affaires

A1 Jestem

Jestem [Ïèstèm]

1. **zadowolony** [zadovolony]
2. **zadowolona** [zadovolona]
3. **zachwycony** [zah^{r}vytsony]
4. **zachwycona** [zah^{r}vytsona]
5. **zmęczony** [zmèn'tchony]
6. **zmęczona** [zmèn'tchona]
7. **chory** [h^{r}ory]
8. **chora** [h^{r}ora]
9. **zajęty** [zaïèn'ty]
10. **zajęta** [zaïèn'ta]
11. **wolny** [volny]
12. **wolna** [volna]
13. **żonaty** [jonaty]
14. **zamężna** [zaminjna]

15. **na wakacjach** [na vakatsïah^{r}]
16. **w podróży służbowej** [v podroujy sw'oujbovèï]

17. **Francuzem** [Frantsouzèm]
18. **Francuzką** [Frantsouzkôn]
19. **Polakiem** [Polakièm]
20. **Polką** [Polkôn]
21. **profesorem** [profèsorèm]
22. **studentem** [stoudèntèm]
23. **studentką** [stoudèntkôn]
24. **biznesmenem** [biznèsmènèm]

A1	Je suis	CONSTRUCTIONS & REMARQUES

■ La conjugaison du verbe *être* **(być)** :

je suis	**jestem**	[ïèstèm]
tu es	**jesteś**	[ïèstèch']
il/elle est	**jest**	[ïèst]
nous sommes	**jesteśmy**	[ïèstèch'my]
vous êtes	**jesteście**	[ïèstèch'tch'è]
ils/elles sont	**są**	[sôn]

■ Les adjectifs après le verbe *être* :

Les adjectifs après le verbe être s'accordent avec le sujet. Dans la plupart des cas, le masculin est en **–y**, le féminin en **–a**.

■ Les noms après le verbe *être :*

Les noms après le verbe être se terminent le plus souvent par **–em** (masculin singulier), **–ą** (féminin singulier), **–ami** (pluriel).
Exemples : **jestem Francuzem** [ïèstèm Frantsouzèm] : *je suis français ;* **jestem Francuzką** [ïèstèm Frantsouskôn] *: je suis française* ; **jesteśmy Francuzami** [ïèstèch'my Frantsouzami] : *nous sommes français.*

■ Les pronoms personnels :

je	**ja**	[ïa]
tu	**ty**	[ty]
il/elle	**on/ona/ono**	[on/ona/ono] (m., f., neutre)
nous	**my**	[my]
vous	**wy**	[vy]
ils/elles	**oni/one**	[oni/one] (m., f., neutre)

À la différence du français, ils ne s'emploient pas systématiquement. Ils s'utilisent seulement quand on veut insister sur la personne.
Exemple : **ona jest zadowolona** = *elle, elle est contente.*

➡ **RETENEZ AUSSI :**

- *Est-ce que : **Czy*** [Tchy]. **Czy** s'emploie en début de phrase :

  Czy jesteś zadowolony ? Tak, jestem zadowolony.
  [Tchy ïèstèch' zadovolony ? Tak, ïèstèm zadowolony]
  Est-qe-que tu es content ? Oui, je suis content.

- *homme* **mężczyzna** [minjtchyzna]
  femme **kobieta** [kobièta]

A1	Jestem	ENTRAÎNEZ-VOUS

A **Traduisez en polonais :**

1. *Je suis fatiguée.*
2. *Elle est en vacances.*
3. *Elle est polonaise.*
4. *Il est professeur, ils sont professeurs.*
5. *Ils sont étudiants.*
6. *Tu es occupée.*
7. *Il est marié.*
8. *Es-tu français ?*
9. *Non, je suis polonais.*
10. *Elle est libre.*
11. *Je suis content.*

B **Traduisez et posez en polonais la question :**

Exemple :
Je suis étudiante : **Jestem studentką – Czy jesteś studentką ?**

1. *Il est professeur.*
2. *Je suis content.*
3. *Elle est fatiguée.*
4. *C'est un homme d'affaires.*

SOLUTIONS

A
1. **Jestem zmęczona.**
2. **Ona jest na wakacjach.**
3. **Ona jest Polką.**
4. **On jest profesorem, oni są profesorami.**
5. **Oni są studentami.**
6. **Jesteś zajęta.**
7. **On jest żonaty.**
8. **Czy jesteś Francuzem ?**
9. **Nie, jestem Polakiem.**
10. **Ona jest wolna.**
11. **Jestem zadowolony.**

B
1. **On jest profesorem.** **Czy on jest profesorem ?**
2. **Jestem zadowolony.** **Czy jesteś zadowolony ?**
3. **Ona jest zmęczona.** **Czy ona jest zmęczona ?**
4. **On jest biznesmenem.** **Czy on jest biznesmenem ?**

Un peu de géographie

Superficie : 312 683 km². **Capitale :** Varsovie.
Population : 44 000 000 h.
L'actuelle Pologne s'ouvre au Nord-Ouest sur la mer Baltique, avec le port de **Gdansk** sur un littoral de 524 km.
Elle partage ses frontières avec sept pays : l'Allemagne à l'Ouest, la Lituanie au Nord-Est, la Fédération de Russie au Nord, la Biélorussie à l'Est, l'Ukraine au Sud-Est, la République tchèque au Sud-Ouest, la Slovaquie au Sud.
Point culminant : le **Mont Rysy** (2 499 m).

A2 J'ai / Je n'ai pas

J'ai / Je n'ai pas

1. J'ai une maison.
2. Je n'ai pas de maison.

3. Avez-vous le téléphone ?
4. Nous n'avons pas le téléphone.

5. As-tu le temps ?
6. Je n'ai pas le temps.

7. Ils ont un fils.
8. Nous avons une fille.

9. Piotr a 20 ans.
10. Maria a 25 ans.

11. J'ai faim. *(masc./fém.)*
12. J'ai soif.
13. J'ai envie d'une bière.
14. J'ai envie de me reposer.

15. J'ai froid.
16. J'ai chaud.
17. Avez-vous froid ?
18. Non, nous avons chaud.

➡ **Remarque :** *Avoir froid, avoir chaud* et d'autres expressions du même type se traduisent littéralement par : *c'est chaud pour moi, c'est froid pour moi.* On utilise donc le verbe *être* et la forme du pronom personnel qui veut dire *pour : pour moi* = **mnie** ou **mi** : (Règle : **mnie** = **mi**, mais **mi** ne peut pas être utilisé en début de phrase ; *pour toi* = **tobie** ; *pour lui* = **jemu** ; *pour elle* = **jej** ; *pour nous* = **nam** ; *pour vous* = **wam** ; *pour eux/elles* = **im**.

A2 Mam / Nie mam

Mam / Nie mam

1. **Mam dom.**	[Mam dom].
2. **Nie mam domu.**	[Niè mam domou.]
3. **Czy macie telefon ?**	[Tchy match'è tèlèfon ?]
4. **Nie mamy telefonu.**	[Niè mamy tèlèfonou.]
5. **Masz czas ?**	[Mach tchas ?]
6. **Nie mam czasu.**	[Niè mam tchasou.]
7. **Oni mają syna.**	[Oni mayôn syna.]
8. **My mamy córkę.**	[My mamy tsourkin.]
9. **Piotr ma dwadzieścia lat.**	[Piotr ma dvadj' ech'tch'a lat.]
10. **Maria ma dwadzieścia pięć lat.**	[Maria ma dvadj'ech't ch'a pièn'tch'lat.]
11. **Jestem głodny/a.**	[Ïèstèm gw'odny / gw'odna.]
12. **Chce mi się pić.**	[H'tsin mi ch'in pitch'.]
13. **Mam ochotę na piwo.**	[Mam oh^{r}otin na pivo.]
14. **Mam ochotę odpocząć.**	[Mam oh^{r}otin odpotchôntch'.]
15. **Jest mi zimno.**	[Ïest mi j'imno.]
16. **Jest mi ciepło.**	[Ïèst mi tch'èpw'o.]
17. **Czy jest wam zimno ?**	[Tchy ïèst vam j'imno ?]
18. **Nie, jest nam ciepło.**	[Niè, ïèst nam tch'èpw'o.]

■ La conjugaison du verbe *avoir* **(mieć)** :

j'ai	**mam**	[mam]
tu as	**masz**	[mach]
il/elle a	**ma**	[ma]
nous avons	**mamy**	[mamy]
vous avez	**macie**	[match'è]
ils/elles ont	**mają**	[maïôn]

■ La négation :

En polonais, on construit la forme négative en mettant **NIE** devant le verbe :

Nie jestem zadowolony = *je ne suis pas content.*

Remarque : **NIE** veut aussi dire **NON.**

■ Les noms compléments du verbe *avoir* (et de la plupart des autres verbes) prennent une forme différente suivant que le verbe est affirmatif ou négatif :

mam córkę = *j'ai une fille.*

nie mam córki = *je n'ai pas de fille.*

• En général, les noms féminins (en **–a)** se terminent en **–ę** après un verbe affirmatif ; en **–i** ou **–y** après un verbe négatif.

• En général, les noms masculins sont sans terminaison ou en **–a** après un verbe affirmatif, en **–a** ou **–u** après un verbe négatif.

➡ **RETENEZ AUSSI :**

Jest/Oto [ïèst/oto] = *il y a ; voilà*

Jest/Oto dom [ïèst/oto dom] **=** *il y a une maison.*

Jest/Oto Piotr [ïèst/oto Piotr] = *voilà Piotr.*

Jest czas [ïèst tchas] = *nous avons le temps* (m. à m. *il y a le temps*).

Nie ma = *il n'y a pas*

Nie ma telefonu [niè ma tèlèfonou] = *il n'y a pas le téléphone.*

Nie ma Piotra [niè ma Piotra] = *Piotr n'est pas là* (m. à m. *il n'y a pas Piotr*).

Nie ma problemu [niè ma problèmou] = *il n'y a pas de problème.*

A **Comment diriez-vous en polonais ?**

1. *Est-ce qu'il a le temps.*
2. *J'ai soif.*
3. *Elle a des problèmes.*
4. *Nous avons faim !*
5. *Nous avons envie de nous reposer.*
6. *Ils ont une fille.*
7. *J'ai 20 ans.*
8. *Elle a une maison.*
9. *J'ai le téléphone.*
10. *Elles ont froid ; ils ont chaud.*

B **Mettez à la forme négative l'exercice A.**

SOLUTIONS

A
1. **Czy on ma czas ?**
2. **Chce mi się pić.**
3. **Ona ma problemy.**
4. **Jesteśmy głodny**
5. **Mamy ochotę odpocząć.**
6. **Oni mają córkę.**
7. **Mam dwadzieścia lat.**
8. **Ona ma dom.**
9. **Mam telefon.**
10. **Im jest zimno ; im jest ciepło.**

B
1. **Nie, on nie ma czasu.**
2. **Nie chce mi się pić.**
3. **Ona nie ma problemów.**
4. **Nie jesteśmy głodni.**
5. **Nie mamy ochoty odpocząć.**
6. **Oni nie mają córki.**
7. **Nie mam dwudziestu lat.**
8. **Ona nie ma domu.**
9. **Nie mam telefonu.**
10. **Nie, im nie jest zimno ; im nie jest ciepło.**

D'OÙ VIENNENT LES POLONAIS ?

Compte tenu de sa position géographique au centre de l'Europe, l'espace actuel de la Pologne fut au cours des siècles l'objet de constantes invasions.

• Avant l'ère chrétienne, ce fut des incursions de l'Est (les *Scythes)* et de l'Ouest (celtes et germaniques).

• C'est vers le VIe siècle de notre ère que des tribus slaves vinrent s'installer sur ce territoire. Elles s'unirent sous le règne de **Piast,** prince de l'une de ces tribus, les *Polanes* (d'où est tiré le nom *Pologne).*

• Vers la fin des années 900, le roi **Miesko Ier** (960-992), héritant de vastes territoires, en conquit de nouveaux et convertit son peuple au christianisme. Son fils, **Boleslas Ier** (992-1025) implanta en profondeur la religion catholique et fut sacré roi par le pape.

• Mais la plupart de ses conquêtes furent perdues par son fils **Miesko II** (1025-1034) au profit de l'hégémonie germanique.

A3 Qu'est-ce que ?

1. Qu'est-ce que tu fais ?
J'attends l'autobus.
Je fais la cuisine.
Je traduis la lettre.
J'écris un livre.

2. Que fais-tu ? (au sens : **quelle profession ?)**
Je suis employé/employée.
Je travaille dans un bureau.
Je suis étudiant en informatique.

3. Qu'est-ce qu'il écoute ?
Il écoute un nocturne de Chopin.

4. Qu'est-ce qu'elle écrit ?
Elle écrit une lettre à sa mère.

5. Qu'est-ce que vous buvez ?
Moi, je bois une bière fraîche,
et moi un thé citron.

6. Qu'est-ce que vous voulez acheter ?
Nous voulons acheter une voiture neuve.

7. Qu'est-ce que c'est ?
C'est un monument célèbre.

8. Qui êtes-vous ?
Nous sommes Piotr et Maria Kowalski.

9. Qui est-ce ?
C'est mon fils.

A3 Co?

1. **Co robisz?** [Tso robich?]
   Czekam na autobus. [Tchèkam na aoutobous.]
   Gotuję. [Gotouïin.]
   Tłumaczę list [Tw'oumatchin list.]
   Piszę książkę [Pichin kch'ônjkin.]

2. **Co robisz?** [Tso robich?]
   Jestem urzędnikiem/niezką. [Ïèstèm oujèn'dnikièm.]
   Pracuję w biurze. [Pratsouïin v bioujè.]
   Jestem studentem informatyki. [Ïèstèm stoudèntèm informatyki.]

3. **Czego on słucha?** [Tchègo on sw'ouh^r^a?]
   On słucha nokturnu Chopina. [On sw'ouh^r^a noktournou Chopina.]

4. **Co ona pisze?** [Tso ona pichè?]
   Ona pisze list do mamy. [Ona pichè list do mamy.]

5. **Co pijecie?** [Tso piïètch'è?]
   Ja piję zimne piwo, [Ïa piïn jimny pivo,
   a ja herbatę z cytryną. a ïa h^r^èrbatin z tsytrynôn.]

6. **Co chcecie kupić?** [Tso h^r^tsetch'è koupitsh'?]
   Chcemy kupić nowy samochód. [H^r^tsèmy koupitsh' nowy samoh^r^oud.]

7. **Co to jest?** [Tso to ïèst?]
   To jest znany zabytek. [To ïèst znany zabytèk.]

8. **Kim jesteście?** [Kim ïèstèch'tch'è?]
   Jesteśmy Piotr i Maria Kowalscy. [Ïèstèch'my Piotr i Maria Kovalstsy.]

9. **Kto to jest?** [Kto to ïèst?]
   To jest mój syn. [To ïèst mouï syn.]

■ Pour demander des informations en montrant quelque chose ou quelqu'un, on demande :
Co to jest ? [tso to ïèst] = *qu'est-ce que c'est ?*
Kto to jest ? [kto to ïèst] = *qui est-ce ?*

La réponse est toujours de la forme :
To jest (Piotr, pomnik, komputer, etc.) [to ïèst – Piotr, pomnik, kompoutèr, etc.] = *c'est (Piotr, un monument, un ordinateur,* etc.)

■ *Qu'est-ce que* se dit **co** ou **czego**, suivant le verbe qu'il précède :
Co robisz ? [tso robich] = *qu'est-ce que tu fais ?*
Czego chcesz ? [tchègo h'tsèch] = *qu'est-ce que tu veux ?*

■ À la question **kim jest** (qui est), on répond en indiquant la profession, ou l'activité principale. **Kim jesteś** veut dire autant *que fais-tu* que *qui es-tu.*
Kim jesteś ? Jestem profesorem.
[Kim ïèstèch ? Ïèstèm profèsorèm.]
Qui es-tu ? (que fais-tu ?) Je suis professeur (m.).
Le nom a alors la forme en **–em** (masculin), **–ą** (féminin) ou **–ami** (pluriel) usuelle.

➡ **RETENEZ AUSSI :**

Kto to jest ? [kto to ïèst ?] = *Qui est-ce ?*
To jest mój brat, mój kolega, moja siostra, moja koleżanka.
[To ïèst mouï brat, mouï kolèga, moïa ch'ostra, moïa kolèjanka.]
C'est mon frère, mon ami, ma soeur, mon amie.

Co to jest ? [tso to ïèst ?] = *Qu'est-ce que c'est ?*
To jest samochód, rower, tramwaj, taksówka, pociąg.
[Te ïèst samoh'oud, rovèr, tramvaï, taxoufka, potch'ông.]
C'est une voiture, un vélo, un tramway, un taxi, un train.

Kim jesteś ? [kim ïèstèch] = *Que fais-tu ?*
Jestem chłopem, kioskarzem, lekarzem, taksówkarzem.
[ïèstèm h'w'opèm, kioskajèm, lekajèm, taxoufkajèm.]
Je suis paysan, kioskiste, médecin, chauffeur de taxi.

A3	Co ?	ENTRAÎNEZ-VOUS

A **Traduisez en polonais :**

1. *Qu'est-ce qu'il fait ?*
2. *Qu'est-ce que vous écrivez ?*
3. *Qu'est-ce que tu bois ?*
4. *Qui êtes-vous ?*
5. *Qu'est-ce que tu as envie de boire ?*
6. *Qui est cet homme ?*
7. *Qu'est-ce que c'est ?*
8. *Que fait Pierre ?*

SOLUTIONS

A

1. **Co on robi ?**
2. **Co piszecie ?**
3. **Co pijesz ?**
4. **Kim jesteście ?**
5. **Czego masz ochotę się napić ?**
6. **Kim jest ten mężczyzna ?**
7. **Co to jest ?**
8. **Co robi Piotr ?**

Quelques dates clés de l'histoire de la Pologne

• Sous **Boleslas II** (1058-1079), la Pologne retrouve son indépendance.

• À la mort de son fils **Boleslav III,** le royaume se morcèle en duchés indépendants.

• **1240:** les Mongols dévastent la Pologne.

• **1320-1333 : Ladislas I**er réunifie la Pologne.

• **1333-1370 : Casimir le Grand** apporte puissance et prospérité.

• **1410: Ladislas II Jagello** (1386-1434) bat les chevaliers Teutoniques et fait de la Pologne un pays puissant.

• de **1445 à 1572,** les **Jagellons (Casimir IV** – 1445-1492) et **Sigismond I**er (1506-1548) accumulent les victoires. Sous **Sigismond II** (1548-1592), Pologne et Lituanie sont réunies.

• **1655-1795 :** c'est le déclin : de nombreuses guerres déchirent et ruinent le pays et mettent fin à l'État polonais, que vont se partager l'Autriche, la Russie et la Prusse.

• **1807 :** Napoléon Ier, qui a promis d'aider les Polonais, crée le grand duché de Varsovie.

• **1815 :** le congrès de Vienne institue un nouveau partage de la Pologne qui devient de fait, à l'Est une province russe et, à l'Ouest, une province prussienne. Seule l'Autriche se montre plus libérale.

A4 Où est ? Où sont ?

1. Où est la gare ?

Tout droit ?
À droite
À gauche

2. Où est la poste ?

Sur la rue principale
Sur la place du marché
À côté de la gare

3. Où est le restaurant « au Canard d'or » ?

Dans la Vieille Ville
Pas loin d'ici
Devant la gare

4. Où est mon stylo ?

Sur la table
Sur l'étagère
Dans mon tiroir

5. Où est-ce que je peux acheter les billets ?

Au kiosque
À l'entrée du musée
À la réception de l'hôtel

6. Où sont vos enfants ?

Au cinéma
À la maison
Chez leurs amis
À l'école

A4 Gdzie jest ? Gdzie są ?

1. Gdzie jest dworzec ?	[Gdj'è ïèst dvojèts ?]
prosto	[prosto]
na prawo	[na pravo]
na lewo	[na lèvo]
2. Gdzie jest poczta ?	[Gdj'è ïèst potchta ?]
na głównej ulicy	[na gw'ouvnèï oulitsy]
na rynku	[na rynkou]
obok dworca	[obok dvortsa]
3. Gdzie jest restauracja «Pod złotą katczką » ?	[Gdj'è ïèst rèstaouratsïa] [« Pod zw'otôn katchkôn »]
na Starym Mieście	[na Starym Mièch'tch'è]
niedaleko stąd	[nièdaleko stônd]
przed dworcem	[pjèd dvortsèm]
4. Gdzie jest mój długopis ?	[Gdj'è ïèst mouï dw'ougopis ?]
na stole	[na stolè]
na półce	[na pouw'tsè]
w mojej szufladzie	[w moïèï choufladj'è]
5. Gdzie mogę kupić bilety ?	[Gdj'è mogè koupitch'bilèty ?]
w kiosku	[v kioskou]
przy wejściu do muzeum	[pjy vèïch'tch'ou do mouzèoum]
w recepcji hotelu	[v rètsèptsii h'otèlou]
6. Gdzie są dzieci ?	[Gdj'è sôn dj'ètch'i ?]
w kinie	[v kiniè]
w domu	[v domou]
u znajomych	[ou znaïomyh']
w szkole	[v chkolè]

A4	Où est? Où sont?	CONSTRUCTIONS & REMARQUES

■ La question *où ?* se forme en mettant **gdzie** en début de phrase :
gdzie jest siostra ? gdzie są dzieci ?
[gdj'è ïèst ch'ostra ? gdj'è sôn dj'ètch'i ?]
où est ma sœur ? où sont les enfants ?

■ Les prépositions de lieu essentielles sont :
w/we : *à, dans, en* –**w szkole** = *à l'école* ; **we Francji** = *en France*
na : (s'emploie pour les quartiers de ville, les lieux déterminés) –**na poczcie** = *à la poste*
pod : *sous* – **pod stołem** = *sous la table*
nad : *sur* – **nad głowsą** = *sur la tête*
obok : *à côté de* – **obok banku** = *à côté de la banque*
przed : *devant* – **przed dworcem** = *devant la gare*

• Attention : les noms qui suivent les prépositions peuvent être à différents « cas », c'est-à-dire à différentes formes. Voir index grammatical p. 138.

■ Il n'y a pas d'article en polonais.
Dzieci veut dire indifféremment ***les*** *enfants* ou ***des*** *enfants* ;
dworzec = ***la*** *gare ou* ***une*** *gare.*

■ Les adjectifs possessifs (*mon, ma, mes,* etc.)
Quand le possesseur est évident, on ne les emploie pas obligatoirement ; si on les emploie, cela revient à insister sur le possesseur :
To jest siostra / To jest moja siostra.
C'est ma sœur / C'est ma sœur à moi (insistance).
Długopis jest w kieszeni / mój długopis jest w mojej kieszeni.
Mon stylo est dans ma poche / mon stylo à moi est dans ma poche à moi (très lourde insistance)

➡ **RETENEZ AUSSI :**

tutaj	[toutaï]	*ici*
tam	[tam]	*là*
wszędzie	[vchindj'è]	*partout*
nigdzie	[nigdj'è]	*nulle part*
daleko	[dalèko]	*loin*
blisko	[blisko]	*près*

A **Comment diriez-vous en polonais ?**

1. *La gare est à côté de la poste.*
2. *Où est ton stylo ?*
3. *Où sont les enfants ?*
4. *Elles sont à la Vieille Ville.*
5. *La poste est à côté de la maison.*

B **Comment diriez-vous en français ?**

1. **dworzec.**
2. **dzieci.**
3. **dom.**
4. **kiosk.**
5. **kino.**
6. **poczta.**
7. **na ulicy.**
8. **obok hotelu.**
9. **na stole.**
10. **u znajomych.**

SOLUTIONS

A

1. **Dworzec jest obok poczty.**
2. **Gdzie jest Twój długopis ?**
3. **Gdzie są dzieci ?**
4. **One są na Starym Mieście.**
5. **Poczta jest obok domu.**

B

1. *la gare.*
2. *les enfants.*
3. *la maison.*
4. *le kiosque.*
5. *le cinéma.*
6. *la poste.*
7. *dans la rue.*
8. *à côté de l'hôtel.*
9. *sur la table.*
10. *chez des amis.*

Quelques dates clés de l'histoire de la Pologne (suite)

• **1914-1917 :** pendant la 1re guerre mondiale, une partie des Polonais, enrolés de force par la Russie tsariste, combat contre ses frères enrolés chez les Austro-Hongrois.

• **1919 :** après la chute de l'Empire russe (1917) et la défaite allemande de 1918, le traité de Versailles de 1919 accorde un territoire à la Pologne (le « couloir de Dantzig »).

• **1939 :** la Pologne est envahie à l'Ouest par l'Allemagne nazie et à l'Est par l'Union soviétique, et subit de lourdes pertes. C'est le début de la 2e guerre mondiale.

• **1940 :** après la défaite de la France, les Allemands envahissent les territoires occupés par les Soviétiques. Le général **Sikorski** prend la tête d'un gouvernement polonais en exil à Londres.

A5 Il y a / Il n'y a pas

Il y a

1. un enfant dans le jardin.
2. un autobus à l'arrêt.
3. un bureau d'informations à l'hôtel.
4. un magasin au coin de la rue.
5. un policier devant le ministère.

Il y a

6. des fleurs chez la fleuriste.
7. des erreurs dans ton exercice.

Il n'y a pas

8. de sucre.
9. de train.
10. d'autre possibilité.

Est-ce qu'il y a

11. des avions pour Berlin ?
12. des chambres libres ce soir ?
13. des étudiants qui parlent français ?

Il n'y a plus

14. de journaux au kiosque.
15. de places au restaurant.
16. de billets pour le théâtre.

17. Piotr est là.
18. Piotr n'est pas là.
19. Est-ce que le docteur est là ?
20. Non, il n'est plus là.
21. Y a-t-il encore des livres ?
22. Non, il n'y en a plus.

A5 Jest, są / Nie ma

Jest

1. **Dziecko jest w ogrodzie.** [Dj'ètsko ïèst v ogrodj'è.]
2. **Autobus jest na przystanku.** [Aoutobous ïèst na pjystankou.]
3. **Biuro informacji jest w hotelu.** [Biouro informatsïi ièst v hʳotèlou.]
4. **Sklep jest na rogu ulicy.** [Sklèp ïèst na rogou oulitsy.]
5. **Policjant jest przed ministerstwem.** [Politsïant ïèst pjèd ministèrstvèm.]

Są

6. **U kwiaciarki są kwiaty.** [O kviatch'arki sôn kviaty.]
7. **W Twoim ćwiczeniu są błędy.** [V tvoim tch'vitchèniou sôn bw'èn'dy.]

Nie ma

8. **cukru.** [Niè ma tsoukrou.]
9. **pociągu.** [Niè ma potch'ôngou.]
10. **innej możliwości.** [Niè ma inneï moj'livoch'tch'i.]

Czy są

11. **samoloty do Berlina ?** [Tchy sôn samoloty do Berlina ?]
12. **wolne pokoje na dzisiejszy wieczór ?** [Tchy sôn volne pokoïè na dj'ich'èïchy viètchour ?]
13. **studenci mówiący po francusku ?** [Tchy sôn stoudèntch'i mouviantsey po frantsouskou ?]

Nie ma już

14. **gazet w kiosku.** [Niè ma ïouj gazèt v kioskou.]
15. **miejsc w restauracji.** [Niè ma ïouj mièsts v restauratsïi.]
16. **biletów do teatru.** [Niè ma ïouj bilètouf do tèatrou.]

17. **Piotr tu jest.** [Piotr tou ïest.]
18. **Piotra tu nie ma.** [Piotra tou niè ma.]
19. **Czy jest tu lekarz ?** [Tchy ïèst tou lèkaj ?]
20. **Nie, już go tu nie ma.** [Niè, ïouj go tou niè ma.]
21. **Czy są jeszcze książki ?** [Tchy sôn ïèchtchè kch'ônjki ?]
22. **Nie, już ich nie ma.** [Niè, ïouj ihʳ niè ma.]

■ *Il y a* + un nom au singulier se traduit par **jest.**
Il y a + un nom pluriel se traduit par **są.**
Il y a un livre – **książka jest** [kch'ônjka ïèst].
Il y a des livres – **książki są** [kch'ônjki sôn].

■ *Il n'y a pas* se traduit par **nie ma** (invariable), suivi d'un nom sous la forme qu'il prend habituellement après un verbe négatif (il s'agit du génitif).
Il n'y a pas de livre – **nie ma książki** [niè ma kch'ônjki].
Il n'y a pas de livres – **nie ma książek** [niè ma kch'ônjèk].

■ **Jest** et **Nie ma** ont des sens plus variés et des emplois plus fréquents que *il y a, il n'y a pas* en français.
On les utilise notamment pour dire que quelqu'un est là ou n'est pas là (au téléphone, dans une pièce, à son poste, dans un bureau, etc.).
Est-ce que Piotr est là ? – **czy jest Piotr ?** [tchy ïèst Piotr].
Piotr n'est pas là – **nie ma Piotra** [niè ma Piotra].

• **NOTEZ BIEN :**
Les noms polonais se « déclinent », c'est-à-dire changent de terminaison selon leur fonction dans la phrase. Ces formes sont appelées des « **cas** ». Le **cas** employé après les verbes négatifs et après « **nie ma** » **s'appelle le « génitif ». Le génitif se caractérise le plus souvent par :**

–a	ou	**–u** au masculin singulier
–i	ou	**–y** au féminin singulier
–ów		au masculin pluriel
–i		ou absence de terminaison au féminin pluriel.

Le génitif est très utilisé en polonais : après certains verbes, comme complément de nom, après certaines prépositions, après la plupart des expressions de quantité et de nombre.
Pour une étude plus complète des génitifs des noms, reportez-vous à l'index grammatical (p. 138).

➡ **RETENEZ AUSSI :**

Nie ma go (m. à m. : *il n'y a pas lui) = il n'est pas là.*
Nie ma jej (m. à m. : *il n'y a pas elle) = elle n'est pas là.*
Nie ma ich (m. à m. : *il n'y a pas eux/elles) = ils/elles ne sont pas là.*

A **Comment diriez-vous en polonais ? :**

1. *Il y a un enfant dans l'autobus.*
2. *Il y a un policier au coin de la rue.*
3. *Il y a un magasin à côté de l'hôtel.*
4. *Il y a des fleurs dans le jardin.*
5. *Il y a des chambres libres à l'hôtel.*

B **Mettez les phrases de l'exercice A à la forme négative (en polonais).**

SOLUTIONS

A
1. **W autobusie jest dziecko.**
2. **Na rogu ulicy jest policjant.**
3. **Obok hotelu jest sklep.**
4. **W ogrodzie są kwiaty.**
5. **W hotelu są wolne miejsca.**

B
1. **W autobusie nie ma dziecka** *(il n'y a pas d'enfant dans l'autobus).*
2. **Nie ma policjanta na rogu ulicy** *(il n'y a pas de policier au coin de la rue).*
3. **Obok hotelu nie ma sklepu** *(il n'y a pas de magasin à côté de l'hôtel).*
4. **Nie ma kwiatów w ogrodzie** *(il n'y a pas de fleurs dans le jardin).*
5. **Nie ma wolnych miejsc w hotelu** *(il n'y a pas de places libres à l'hôtel).*

QUELQUES DATES CLÉS DE L'HISTOIRE DE LA POLOGNE (SUITE ET FIN)

• **1940-1945 :** l'Allemagne nazie pratique une politique d'extermination d'une cruauté sans précédent : plus de deux millions de Polonais sont déportés et condamnés au travail forcé, tandis que cinq millions de Polonais, en majorité d'origine juive, sont exterminés dans des camps de concentration de triste mémoire, répartis en Pologne (Auschwitz, Treblinka, Sobidór, etc.). La résistance polonaise est anéantie par les Allemands en 1944 à Varsovie.

• **1945 :** en août 1945, les nouvelles frontières de la Pologne sont établies.

• **1947-1953 :** c'est la période dite « Stalinienne », où la Pologne adopte un système calqué sur celui de l'Union soviétique.

• **1970-1990 :** une crise économique d'envergure mène les ouvriers à la révolte. Le syndicat *Solidarité* **(Solidarność)** fait plier le pouvoir. La fin de l'Union soviétique voit l'avènement en 1989 d'un régime démocratique.

A6 Quand ? / Depuis quand ?

Quand

1. Quand partez-vous pour Cracovie ?
   – Je pars demain matin.

2. Quand veut-il venir ?
   – Il veut venir en juillet.

3. Quand prends-tu tes vacances ?
   – En septembre.

Depuis quand

4. Depuis quand es-tu malade ?
   – Je suis malade depuis une semaine.

5. Depuis quand es-tu à Paris ?
   – Depuis le mois dernier.

Jusqu'à quand

6. Jusqu'à quand travailles-tu ?
   – Jusqu'à 17 heures.

À quelle heure

7. À quelle heure le train part-il ?
   – À 12 h 40.

8. À quelle heure est le film ?
   – À 20 h 30.

9. Quelle heure est-il ?
   – Il est 8 heures.

A6 Kiedy ? / Od kiedy ?

Kiedy

1. **Kiedy wyjeżdżacie do Krakowa ?** [Kièdy vyïèjdjatch'è do Krakova ?]
– Wyjeżdżam jutro rano. [– Vyïèjdjam ïoutro rano.]

2. **Kiedy on chce przyjechać ?** [Kièdy on h^r^tsè pjyïèh^r^atch' ?]
– On chce przyjechać w lipcu. [– On h^r^tsè pjyïèh^r^atch'v liptsou.]

3. **Kiedy wyjeżdżasz na wakacje ?** [Kièdy vyïèjdjach na vakatsïè"]
– We wrześniu. [– Vè vjèch'niou.]

Od kiedy

4. **Od kiedy jesteś chory ?** [Od kièdy ïèstèch' h^r^ory ?]
– Jestem chory od tygodnia. [– Ïèstèm h^r^ory od tygodnia.]

5. **Od kiedy jesteś w Paryżu ?** [Od kièdy ïèstèch' v Paryjou ?]
– Od zeszłego miesiąca. [– Od zèchw'ègo mièch'ôntsa.]

Do której

6. **Do której godziny pracujesz ?** [Do ktoureï godj'iny pratsouïèch ?]
– Do 17^{00} [siedemnastej]. [– Do ch'èdemnasteï.]

O której

7. **O której godzinie odjeżdża pociąg ?** [O ktoureï godj'iniè odïèjdja potch'ông ?]
– O 12^{40} [dwunastej czterdziesci.] [– O dvounasteï tchèrdj'èch'tch'i.]

8. **O której godzinie jest film ?** [O ktoureï godj'iniè ïèst film?]
– O 20^{30} [dwudziestej trzydziesci.] [– O dvoudj'èsteï tjydjèch'tch'i.]

9. **Która jest godzina ?** [Ktoura ïèst godz'ina ?]
– Jest ósma. [– Ïèst ousma.]

■ *Quand* se traduit par **kiedy**
Les constructions sont très semblables à celles du français :
• Question : **kiedy** en début de phrase.
Exemple : **kiedy masz czas ?** [kièdy mach tchas ?] = *quand as-tu le temps ?*
• surbordonnée de temps : **kiedy** au début de la subordonnée.
Exemple : **on przyjeżdża kiedy chce** [on pjyïèjdja kièdy h'tsè] = *il viendra quand il veut.*

■ Beaucoup de verbes polonais ont, même au présent, un sens futur. On peut donc tranquillement poser beaucoup de questions au futur en utilisant la forme présente.
Exemple : *quand vas-tu (iras-tu) au cinéma ?*
Kiedy idziesz do kina ?

■ La réponse aux questions *depuis quand* **(od kiedy)** et *jusqu'à quand* **(do kiedy)** est **od** et **do** suivi d'un nom au génitif : (voir p. 26).
depuis une semaine : **od tygodnia** [od tygodnia]
depuis un mois : **od miesiąca** [od mièch'ôntsa]
jusqu'à la semaine prochaine : **do przyszłego tygodnia** [do pjych-w'ègo tygodnia]
jusqu'au mois de juillet : **do lipca** [do liptsa]

➡ **RETENEZ AUSSI :** • **Les jours de la semaine :**

lundi	**poniedziałek**	[poniėdj'aw'èk]
mardi	**wtorek**	[vtorèk]
mercredi	**środa**	[ch'roda]
jeudi	**czwartek**	[tchvartèk]
vendredi	**piątek**	[piôntèk]
samedi	**sobota**	[sobota]
dimanche	**niedziela**	[niedj'èla]

• **Autres expressions de temps :**

tard	**późno**	[poujno]
plus tard	**później**	[poujnièï]
trop tard	**za późno**	[za poujno]
tôt	**wcześnie**	[vtchèch'niè]
plus tôt	**wcześniej**	[vtchèch'nièï]
trop tôt	**za wcześnie**	[za vtchèch'niè]
je suis en retard	**jestem spóźniony/a**	[ïèstèm spoujniony/a]
je suis en avance	**jestem za wcześnie**	[ïèstèm za vtchèch'niè]
je suis à l'heure	**jestem na czas**	[ïèstèm na tchas]
demain	**jutro**	[ïoutro]
hier	**wczoraj**	[vtchorai]
aujourd'hui	**dziś**	[dj'ich']

A6 Kiedy ? Od kiedy ? — ENTRAÎNEZ-VOUS

A **Comment diriez-vous en polonais ?**

1. *quand ?*
2. *en septembre.*
3. *depuis quand ?*
4. *à quelle heure ?*
5. *quelle heure est-il ?*
6. *en juillet.*
7. *depuis une semaine.*
8. *je suis malade.*
9. *jusqu'à.*
10. *depuis le mois dernier.*

SOLUTIONS

A

1. **kiedy ?**
2. **we wrześniu.**
3. **od kiedy ?**
4. **o której godzinie ?**
5. **która jest godzina ?**
6. **w lipcu.**
7. **od tygodnia.**
8. **jestem chory/a.**
9. **do**
10. **od zesłego miesiąca.**

La langue polonaise

Le *polonais* appartient aux langues slaves occidentales faisant partie des langues dites « indo-européennes ».
La langue polonaise commença à exister vers le VIe siècle avec la tribu des **Polianie** qui donnèrent leur nom à leur propre territoire la « Grande Pologne » puis à la région autour de la ville de Cracovie, la « Petite Pologne », puis à la langue de cette nation émergente.
Mais c'est le christianisme qui apporta l'écriture. C'est vers 1440 qu'apparut sans doute la première grammaire polonaise écrite en latin. C'est en effet le latin qui fut, au Moyen Âge, une première source. Mais, comme on l'a vu dans les pages précédentes, les constantes invasions endurées par la Pologne ont amené cette langue à subir l'influence de nombreuses langues d'Europe : le tchèque, l'italien pendant la Renaissance, le français (surtout au XVIIIe siècle), l'allemand au Moyen Âge et au XIXe siècle, le russe au XXe siècle, et maintenant l'anglais.
• Le *polonais* s'écrit avec **l'alphabet latin** – héritage catholique – comme par ailleurs le *croate,* le *tchèque,* le *slovaque* et le *slovène.*
• À l'inverse – héritage de l'église orthodoxe – les autres langues slaves, le *biélorusse,* le *bulgare,* le *macédonien,* le *russe,* le *serbe,* l'*ukrainien,* utilisent **l'alphabet cyrillique.**

A7 Encore • ne ... plus

Encore

1. As-tu encore faim ? *(masc./fém.)*
2. Voulez-vous encore une bière ?
3. Avez-vous déjà commandé ?
4. Je ne suis pas encore prête.

Ne plus

5. Nous n'avons plus le temps.
6. Je ne fume plus depuis 3 ans.
7. Je suis très occupée,
8. mais demain j'aurai plus de temps.

Beaucoup

9. Il y a beaucoup de voitures dans la rue.
10. J'ai beaucoup de travail.
11. Beaucoup de gens partent en vacances en août.

Trop

12. Tu fumes trop !
13. Il est trop tard.
14. J'ai trop de bagages dans ma voiture.
15. Il est trop jeune pour comprendre.
16. Je suis trop malade pour manger.

A7 Jeszcze • już nie

Jeszcze

1. **Czy jesteś jeszcze głodny/a ?** [Tchy ièstèch'ïèchtchè gw'odny/a ?]
2. **Czy chcecie jeszcze jedno piwo ?** [Tchy h'tsètch'è ièchtchè iedno pivo ?]
3. **Czy już zamówiliście ?** [Tchy ïouj zamouvilich'tchè ?]
4. **Nie jestem jeszcze gotowa.** [Niè ïèestèm ïèchtchè gotova.]

Już nie

5. **Nie mamy już czasu.** [Niè mamy ïouj tchasou.]
6. **Nie palę już odtrzech lat.** [Niè palin ïouj odtjèh'r lat.]
7. **Jestem bardzo zajęta,** [Ïèstèm bardzo zaïèn'ta,
8. **ale jutro będę miała więcej czasu.** [alè ïoutro bèn'din miaw'a vièn'tsèï tchasou.]

Dużo

9. **Dużo samochodów jest na ulicy.** [Doujo samoh'rodouf ïèst na oulitsy.]
10. **Mam dużo pracy.** [Mam doujo pratsy.]
11. **Dużo ludzi wyjeżdża na wakacje w sierpniu.** [Doujo ludj'i vyïèjdja na vakatsïè v ch'èrpniou.]

Za

12. **Za dużo palisz.** [Za doujo palich.]
13. **Jest za późno.** [Ïést za poujno.]
14. **Mam za dużo bagaży w samochodzie.** [Mam za doujo bagajy v samoh'rodj'è.]
15. **On jest za młody, aby zrozumieć.** [On ïèst za mw'ody, aby zrozoumiètch'.]
16. **Jestem za chory, żeby jeść.** [Ïèstèm za h'rory, jèby ïèch'tch'.]

A7	Encore ne ... plus	CONSTRUCTIONS & REMARQUES

■ *Encore* = **jeszcze** [ïèchtchè]
Ne... plus = **już nie** [ïouj niè]
Déjà = **już** [ïouj]
Ne... pas encore = **jeszcze nie** [ïèchtchè niè]
już s'emploie parfois tout seul pour traduire l'équivalent de *ça y est?* Par exemple, au restaurant, le serveur peut vous demander **już ?** pour-demander si vous êtes prêt à commander. Vous répondrez **już**, si vous êtes prêt, et **jeszcze nie** si vous avez encore besoin de regarder la carte.

■ **Bardzo** s'emploie comme *très* en français.
Exemples : **bardzo zajęty** [bardzo zaïèn'ty] = *très occupé*

■ Après toutes les expressions de quantité (beaucoup de – **dużo** ; trop de – **za dużo** ; plus de – **więcej** ; etc.), le nom est **au génitif** : (voir p. 26).
Więcej czasu [vièn'tsèï tchasou] = *plus de temps*
Za dużo piwa [za doujo piva] = *trop de bière*

■ Après les expressions de quantité, le verbe est au singulier, même quand il s'agit d'un sujet pluriel :
Exemple :
Dużo osób jest [doujo osoub ïèst ...] = *Beaucoup de gens sont...*

➡ **RETENEZ AUSSI :**

• **Expressions de quantité :**
dużo czasu [doujo tchasou] : *beaucoup de temps.*
dużo/wielu ludzi [doujo/vièlou loudj'i] : *beaucoup de gens.*
dużo/wiele spraw [doujo/vièlè sprav] : *beaucoup d'affaires.*
dużo/wiele rzeczy [doujo/vièlè jétchy] : *beaucoup de choses.*
dużo pieniędzy [doujo piènien'dzy] : *beaucoup d'argent.*
dużo/wiele problemów [doujo/vièlè problémouf] : *beaucoup de problèmes.*

• **Expressions de groupe, ou de collectivités :**
grupa ludzi [groupa loudj'i] : *un groupe de gens.*
Klasa uczniów [klasa outchniouf] : *une classe d'élèves.*
aula studentów [aoula stoudèntouf] : *une cour d'étudiants.*
zebranie pracowników [zebranie pratsovnikouf] : *une réunion d'employés.*
demonstracja robotników [dèmonstratsïa robotnikouf] : *une manifestation d'ouvriers.*

A7	Jeszcze już nie	ENTRAÎNEZ-VOUS

A **Comment diriez-vous en polonais ?**

1. *Avez-vous encore faim ?*
2. *As-tu encore le temps ?*
3. *Fumes-tu encore ?*
4. *As-tu encore une voiture ?*
5. *As-tu encore du travail ?*

B **Répondez aux questions de l'exercice A à la forme négative (avec już nie /** ***ne plus*****).**

SOLUTIONS

A

1. **Czy jesteście jeszcze głodni ?**
2. **Czy masz jeszcze czas ?**
3. **Czy jeszcze palisz ?**
4. **Czy masz jeszcze samochód ?**
5. **Czy masz jeszcze pracę ?**

B

1. **Nie jesteśmy już głodni.** *(nous n'avons plus faim).*
2. **Nie mam już czasu.** *(je n'ai plus de temps).*
3. **Już nie palę.** *(je ne fume plus).*
4. **Nie mam już samochodu.** *(je n'ai plus de voiture).*
5. **Nie mam już pracy.** *(je n'ai plus de travail).*

Le climat
On distingue deux types de climat : • celui de la partie Ouest, tempéré, avec un été assez chaud (30 °C) ; • celui de la partie Est, avec un hiver rigoureux (– 3 ° à – 5 °C) avec dans les montagnes de fortes chutes de neige.

A8 Je veux/Je voudrais

Je veux

1. passer mon permis de conduire.
2. aller à la piscine.
3. téléphoner à mon ami.

Je ne veux pas

4. prendre le train.
5. perdre mon temps.
6. travailler le dimanche.

Je voudrais

7. savoir jouer au tennis.
8. trouver un hôtel confortable.
9. être jeune et belle.
10. un thé.
11. une bière.
12. un café.
13. un verre de vodka.
14. deux verres de vodka.
15. un (verre de) jus de fruit.
16. de l'eau (un verre d'eau fraîche).

Voulez-vous

17. une glace au chocolat pour le dessert ?
18. un café ou un thé ?
19. des chaussures de sport ?

Je préférerais

20. rentrer en avion.
21. un verre d'eau fraîche.
22. rester à la maison.

A8 Chcę/Chciałbym • Chciałabym

Chcę [H^r^tsè]

1. **zrobić prawo jazdy.** [zrobitch' pravo ïazdy]
2. **iść na basen.** [ich'tch' na basèn]
3. **zatelefonować do przyjaciela.** [zatèlèfonovatch' do pjyïatch'èla]

Nie chcę [Niè h^r^tsè]

4. **jechać pociągiem.** [ièch^r^atch' potch'ôngièm]
5. **stracić czasu.** [stratchéitch' tchasou]
6. **pracować w niedzielę.** [pratsovatch' v nièdj'èlè]

Chciałbym/Chciałabym [H^r^tch'aw'bym/H^r^tch'aw'abym]

7. **umieć grać w tenisa.** [oumiètch' gratch' v tènisa]
8. **znaleźć wygodny hotel.** [znalèj'tch' vygodny h^r^otèl]
9. **być młoda i ładna.** [bytch' mw'oda i w'adna]
10. **herbaty.** [h^r^èrbaty]
11. **piwa.** [piva]
12. **kawy.** [kavy]
13. **kieliszek wódki.** [kièlichèk voudki]
14. **dwa kieliszki wódki.** [dva kielichki voudki]
15. **szklankę soku owocowego.** [chklankim sokou ovotsovègo]
16. **szklankę zimnej wody.** [chklankim jimny vody]

Czy chcecie [Tchy h^r^tsètch'è]

17. **lody z czekoladą na deser ?** [lody z tchèkoladôn na dèser ?]
18. **kawy, czy herbaty ?** [kavy, tchy h^r^èrbaty ?]
19. **buty sportowe ?** [bouty sportowè ?]

Wolałbym/Wolałabym [Volaw'bym/Volaw'abym]

20. **wrócić samolotem.** [vroutch'itch' samolotèm]
21. **szklankę zimmej wody.** [chklankim jimmy vody]
22. **zostać w domu.** [zostatch'v domou]

A8 — Je veux / Je voudrais — CONSTRUCTIONS & REMARQUES

■ La congugaison du verbe *vouloir* **(chcieć)** :

je veux	**chcę**	[h^{r}tsè]
tu veux	**chcesz**	[h^{r}tsèch]
il/elle veut	**chce**	[h^{r}tsè]
nous voulons	**chcemy**	[h^{r}tsèmy]
vous voulez	**chcecie**	[h^{r}tsètch'è]
ils/elles veulent	**chcą**	[h^{r}tsôn]

■ La conjugaison du verbe *vouloir* au conditionnel (*« je voudrais »*, etc.) :

je voudrais	**chciałbym** (m)	[h^{r}tch'aw'bym]
	chciałabym (f)	[h^{r}tch'aw'abym]
tu voudrais	**chiałbyś** (m)	[h^{r}tch'aw'bych']
	chciałabyś (f)	[h^{r}tch'aw'abych']
il voudrait	**chciałby**	[h^{r}tch'aw'by]
elle voudrait	**chciałaby**	[h^{r}tch'aw'aby]
nous voudrions	**chcielibyśmy** (m)	[h^{r}tch'èlibych'my]
	chciałybyśmy (f)	[h^{r}tch'aw'ybych'my]
vous voudriez	**chcielibyście** (m)	[h^{r}tch'èlibych'tch'è]
	chiałybyście (f)	[h^{r}tch'aw'ybych'tch'è]
ils voudraient	**chcieliby** (m)	[h^{r}tch'èliby]
elles voudraient	**chciałyby** (f)	[h^{r}tch'aw'yby]

• Remarque : attention, les formes de conditionnel, comme les formes du passé (voir p. 130) sont différentes au féminin et au masculin. **Wolałbym/Wolałabym** *(je préférerais)* se conjugue sur le même modèle que **Chciałbym/Chciałabym**.

■ Les verbes comme *vouloir, préférer,* etc., peuvent se construire :
– avec un nom : **chcę kawy** [h^{r}tsè kavy] = *je veux du café ;*
– avec un verbe à l'infinitif : **chcę wyjechać** [h^{r}tsè vyïèh^{r}atch'] = *je veux partir.*

➡ RETENEZ AUSSI :

• *mais :* **ale** [alè]
je veux sortir, mais il pleut :
chcę wyjść, ale pada [h^{r}tsè vyich'tch', alè pada]
il voudrait une vodka, mais il est trop jeune :
chciałby wódki, ale jest za młody [h^{r}tch'awby voudki, alè ïest za mw'ody]
• *donc :* **więc** [viènts]
elles veulent gagner de l'argent, donc elles travaillent :
chcą zarabiać, więc pracują [h^{r}tsôn zarabiatch', viènts pratsouïôn]
il fait froid, donc tu as un rhume :
jest zimno, więc masz katar [i'est j'imno, viènts mach katar]

A8	Chcę Chiałbym	ENTRAÎNEZ-VOUS

A **Comment diriez-vous en polonais ?**

1. *je veux.*
2. *il voudrait.*
3. *la piscine.*
4. *prendre le train.*
5. *travailler.*
6. *jouer au tennis.*
7. *le permis de conduire.*
8. *les glaces.*
9. *les chaussures de sport.*
10. *un verre d'eau.*

B **Comment diriez-vous en polonais ?**

1. *Je veux un café.*
2. *Il veut aller à la piscine.*
3. *Veux-tu prendre le train.*
4. *Ils voudraient travailler dans un hôtel.*
5. *Elle voudrait rester à la maison.*

SOLUTIONS

A
1. **chcę.**
2. **chciałby.**
3. **basen.**
4. **jechać pociągiem.**
5. **pracować.**
6. **grać w tenisa.**
7. **prawo jazdy.**
8. **lody.**
9. **buty sportowe.**
10. **szklanka wody.**

B
1. **Chcę kawy.**
2. **On chce pójść na basen.**
3. **Czy chcesz jechać pociągiem ?**
4. **Oni chcieliby pracować w hotelu.**
5. **Ona wolałaby zostać w domu.**

Jours fériés
1er janvier Lundi de Pâques 1er mai : Fête du travail 3 mai : Fête nationale (proclamation de la Constitution) 15 août : Assomption 1er novembre : Toussaint 11 novembre : Fête nationale de l'indépendance acquise en 1918 25 et 26 décembre : Noël

A9 J'aime

J'aime

1. les enfants.
2. les voyages.
3. regarder la télévison.
4. me lever tard.
5. beaucoup les côtelettes.
6. la cuisine polonaise.

7. Moi, je préfère la cuisine chinoise.

Aimez-vous

8. la musique contemporaine ?
9. jouer au football ?
10. les épinards ?

11. J'aime ce film.
12. Est-ce que ce film te plaît ?

13. Je t'aime.
14. Je vous aime.
15. Est-ce que Maria aime Piotr ?

- Être amoureux/(se)
- Tomber amoureux/(se)

A9 Lubię

Lubię [Loubiè]

1. **dzieci.** [dj'ètch'i]
2. **podróże.** [pod^{r}oujé]
3. **oglądać telewizję.** [oglôndatch' tèlèviziïn]
4. **wstawać późno.** [vstavatch' poujno]
5. **bardzo kotlety.** [bardzo kotlèty]
6. **polską kuchnię.** [polskôn kouh^{r}niè]

7. **Ja wolę kuchnię chińską.** [ïa volè kouh^{r}niè h^{r}inskôn]

Czy Pan lubi [Tchy Pan loubi]

8. **muzykę współczesną ?** [mouzykin vspoultchèsnôn ?]
9. **grać w piłkę nożną ?** [gratch' v piw'kin nojnôn ?]
10. **szpinak ?** [chpinak ?]

11. **Podoba mi się ten film.** [Podoba mi ch'in tèn film]
12. **Czy podoba Ci się ten film ?** [Tchy podoba tch'i ch'in tèn film ?]

13. **Kocham Cię.** [Koh^{r}am tch'è]
14. **Kocham Pana/Panią.** [Koh^{r}am Pana/Paniôn]
15. **Czy Maria kocha Piotra ?** [Tchy Maria koh^{r}a Piotra ?]

- **Być zakochanym/(ą)** [Bytch' zakoh^{r}anym/(a)]
- **Zakochać się** [Zakoh^{r}'atch' ch'in]

A9 | J'aime | CONSTRUCTIONS & REMARQUES

■ Congugaison du verbe *aimer* **(lubić)** :

j'aime	**lubię**	[loubiè]
tu aimes	**lubisz**	[loubich]
il/elle aime	**lubi**	[loubi]
nous aimons	**lubimy**	[loubimy]
vous aimez	**lubicie**	[loubitch'è]
ils/elles aiment	**lubią**	[loubiôn]

■ Comme le verbe *vouloir* **(chcieć)**, le verbe *aimer* **(lubić)** peut se construire :
– avec un nom : **chcę kawy** *(je veux du café).*
– avec un verbe à l'infinitif : **chcę zostać w domu** *(je veux rester à la maison).*
■ Le vouvoiement :

On utilise en polonais l'expression **Pan** *(quand on s'adresse à un homme)* **Pani** *(quand on s'adresse à une femme)*, avec un verbe à la troisième personne :
czy Pan lubi ten film ? [tchy Pan loubi tèn film ?] = *aimez-vous ce film ?* (m. à m. : *est-ce que Monsieur aime ce film ?*)
czy Pani jest zadowolona ? [tchy Pani ïest zadovolona ?] = *êtes-vous contente ?* (m. à m. : *est-ce que Madame est contente ?*)
dzieci bardzo Pana lubią [dj'ètch'i bardzo Pana loubiôn] = *les enfants vous aiment beaucoup* (m. à m. : *les enfants aiment beaucoup Monsieur*).
dzieci bardzo Panią lubią [dj'ètch'i bardzo Paniôn loubiôn] = *les enfants vous aiment beaucoup* (en s'adressant à une femme) (m. à m. *les enfants aiment beaucoup Madame).*
• Traduite en français, cette formule paraît très cérémonieuse, mais en polonais, elles est tout à fait classique et normale.

➡ **RETENEZ AUSSI :**

to mi się podoba [to mi ch'in podoba] = *ceci me plaît*
czy to ci się podoba ? [tchy to tch'i ch'in podoba ?] = *est-ce que ceci te plaît ?*
czy to Panu się podoba ? [tchy to Panou ch'in podoba ?] = *est-ce que ceci vous plaît ?* (en parlant à un homme)
czy to Pani się podoba ? [tchy to Pani ch'in podoba] = *est-ce que ceci vous plaît ?* (en parlant à une femme)

(ja) wolę [ïa volè] = *je préfère*
(ja) nienawidzę [ïa niènavidzè] = *je déteste*

miłość [miw'och'tch'] = *l'amour*
przyjaźń [pjyïaj'gn] = *l'amitié*

A9	Lubię	ENTRAÎNEZ-VOUS

A **Comment diriez-vous en polonais ?**

1. *J'aime les voyages.*
2. *Nous aimons la musique.*
3. *Il aime les épinards.*
4. *Elle aime regarder la télévision.*
5. *Je t'aime.*
6. *Ce film me plaît.*
7. *Il aime jouer au football.*
8. *Elle préfère la musique contemporaine.*
9. *Ils aiment la cuisine polonaise.*
10. *Elles préfèrent la cuisine chinoise.*

B **Mettez les phrases de l'exercice A à la forme interrogative (en polonais) commençant par « czy » *(est-ce que).***

SOLUTIONS

A
1. **Lubię podróże.**
2. **Lubimy muzykę.**
3. **On lubi szpinak.**
4. **Ona lubi oglądać telewizję.**
5. **Kocham Cię.**
6. **Ten film podoba mi się.**
7. **On lubi grać w piłkę nożną.**
8. **Ona woli muzykę współczesną.**
9. **Oni lubią polską kuchnię.**
10. **One wolą chińską kuchnię.**

B
1. **Czy lubisz podróze ?** *(est-ce que tu aimes les voyages ?)*
2. **Czy lubicie muzykę ?** *(est-ce que vous aimez la musique ?)*
3. **Czy on lubi szpinak ?** *(est-ce qu'il aime les épinards ?)*
4. **Czy ona lubi oglądać telewizję ?** *(est-ce qu'elle aime regarder la télévision ?)*
5. **Czy mnie kochasz ?** *(est-ce que tu m'aimes ?)*
6. **Czy ten film podoba Ci się ?** *(est-ce que ce film te plaît ?)*
7. **Czy on lubi grać piłkę nożną ?** *(est-ce qu'il aime jouer au football ?)*
8. **Czy ona woli muzykę współczesną ?** *(est-ce qu'elle préfère la musique contemporaine ?)*
9. **Czy oni lubią polską kuchnię ?** *(est-ce qu'ils aiment la cuisine polonaise ?)*
10. **Czy one wolą chińską kuchnię ?** *(est-ce qu'elles préfèrent la cuisine chinoise ?)*

A10 Comment ? Quel ? Pourquoi ?

Comment

1. t'appelles-tu ?
2. allez-vous ? *(fém./masc.)*
3. peut-on aller à Cracovie ?

Quel(le)

4. est ce livre ?
5. Quel temps fait-il ?
6. Quels sont vos sports préférés ?
7. Dans quel restaurant aimeriez-vous dîner ?
8. Quelle bière buvez-vous ?
9. Quelle surprise !

Quel(le)

10. Par quel train partez-vous ?
11. Dans quelle banque avez-vous votre compte ?
12. Pour quel parti votez-vous ?
13. Quelle heure est-il ?
14. À quelle heure est la séance de cinéma ?

Pourquoi

15. Pourquoi pleure-t-elle ?
    – Parce qu'elle est triste.

16. Pourquoi voulez-vous rentrer à la maison ?
    – Parce qu'il pleut.

17. Pourquoi travaille-t-il le dimanche ?
    – Parce qu'il veut gagner de l'argent.

A10 Jak ? Jaka ? Dlaczego ?

Jak [ïak]

1. się nazywasz ? [ch'in nazyvach ?]
2. się Pan ma ? [ch'in Pan ma ?]
3. można dojechać do Krakowa ? [mojna doïèhʳatch' do Krakova ?]

Jaka/Jakie

4. Jaka jest ta książka ? [Ïaka ïest ta kch'ônjka ?]
5. Jaka jest pogoda ? [Ïaka ïest pogoda ?]
6. Jakie są wasze ulubione sporty ? [Ïakiè sôn vachè ouloubionè sporty ?]
7. W jakiej restauracji chcielibyście zjeść kolację ? [V ïakièï réstaouratsïi hʳtch'èli-bysc'tch'è zièch'tch' kolatsïe ?]
8. Jakie piwo Pan pije ? [Ïakiè pivo Pan piè ?]
9. Jaka niespodzianka ! [Ïaka nièspodj'anka !]

Ktôry

10. Którym pociągiam Pan jedzie ? [Ktourym potch'ôngièm Pan ïèdj'e ?]
11. W którym banku ma Pan konto ? [V ktourym bankou ma Pan konto ?]
12. Na którą partię Pan głosuje ? [Na ktourôn partiin Pan gw'osouïè]
13. Która jest godzina ? [Ktoura ïest godj'ina ?]
14. O której godzinie jest seans w kinie ? [O ktoureï godj'inie ïest sèans v kiniè ?]

Dlaczego

15. Dlaczego ona płacze ? [Dlatchègo ona pw'atchè ?]
– Ponieważ jest smutna. – [Ponièvaj ïest smoutna.]

16. Dlaczego chcecie wrócić do domu ? [Dlatchègo hʳtsètch'è vroutch'itch' do domou ?]
– Ponieważ pada deszcz. – [Ponièvaj pada dèchtch.]

17. Dlaczego on pracuje w niedzielę ? [Dlatchègo on pratsouïè v nièdjèlè ?]
– Ponieważ chce zarobić pieniądze. – [Ponièvaj hʳtsè zarobitch' pièniôndzè.]

CONSTRUCTIONS & REMARQUES

■ La traduction de *comment ?* :

Comment se traduit par **jak,** en début de phrase :
Après une question avec **jak**, on attend en réponse :
• un adverbe : **dobrze** [dobjè] = *bien*; **źle** [jlè] = *mal*; **łatwo** [w'atvo] = *facilement*; **trudno** [troudno] = *difficilement.*
• un nom à l'instrumental – c'est-à-dire à la forme que vous avez déjà rencontrée après le verbe *être* [**–em** au masculin ; **–ą** au féminin, **–ami** au pluriel] (surtout des expressions de moyen, de manière) :
autobusem [aoutobousèm] = *en autobus*; **samochodem** [samoh[r]odèm] = *en voiture,* etc.
• un prénom, après la question **jak się nazywasz** *(comment t'appelles-tu ?).*

■ La traduction de *quel/quelle* interrogatif :

Il y a deux traductions possibles en polonais :
• **jaki** (**jaka**, **jakie**, etc.), si on pose une question plutôt orientée vers la qualité : **jaka restauracja** [ïaka rèstaouratsïa] = *quel restaurant,* au sens de quel genre de restaurant – on attend une réponse sur le style de restaurant.
• **który** (**która**, **które**, etc.), si on pose une question à laquelle on attend une réponse précise, nominative : **która restauracja** [ktoura rèstaouratsïa] = *quel restaurant* – on attend en réponse le nom du restaurant, ou l'indication précise de son adresse.

■ la déclinaison de **który/jaki** :

Który et **jaki** se déclinent parallèlement au nom auquel ils se rapportent :

Nom sujet :

Jaki / jaka / jakie	**Który / która / które**

Nom complément :

Jakiego / jaką / jakie	**Którego / którą / które**

Nom « instrumental » (après le verbe être, par exemple) :

Jakim / jaką / jakim	**Którym / którą / którym**

➡ **RETENEZ AUSSI :**

Pourquoi : **dlaczego** [dlatchègo].
Parce que : **bo** [bo] ; **ponieważ** [ponièvaj] ; **dlatego że** [dlatègo jè]. La construction de ce type de phrases est très semblable à celle du français.

A10 | Jak? Jaka? Dlaczego? | ENTRAÎNEZ-VOUS

A **Comment diriez-vous en polonais ?**

1. *Quelle heure est-il ?*
2. *Comment allez-vous ?*
3. *Quel temps fait-il ?*
4. *Comment est ce film ?*
5. *Pourquoi allez-vous à Cracovie ?*

SOLUTIONS

A
1. **Która jest godzina ?**
2. **Jak się macie / Pan / Pani ma ?**
3. **Jaka jest pogoda ?**
4. **Jaki jest ten film ?**
5. **Dlaczego jedziecie do Krakowa ?**

Varsovie (Warszawa)

Créé sur l'emplacement d'un lieu nommé **Warszawa** du nom de son fondateur **Warsz,** Varsovie devient capitale de la Pologne en 1596. Cédée à la Prusse en 1795, puis sous domination russe en 1807, la ville se révolte en 1830 et 1863, pour redevenir enfin capitale de la République polonaise en 1918.
Occupée par les Allemands en 1939, Varsovie est systématiquement pillée et opprimée par les Nazis. Au printemps 1943, le guetto juif se révolta et fut totalement anéanti et ses habitants massacrés. En 1944, l'insurrection des résistants polonais entraîna la destruction totale de la ville par les Allemands, et la mort des 2/3 de la population.
Un *Musée du Soulèvement*, inauguré en 1989, commémore l'héroïsme des insurgés.

A11 Je sais • Je connais • Je crois

Je sais

1. conduire.
2. compter.
3. écrire.

Connaissez-vous

4. mon frère? *(fém./masc.)*
5. un bon restaurant en ville ?
6. le musée Mickiewicz ?

7. Je connais le polonais.
8. Je ne connais pas le chinois.
9. Il connaît mon numéro de téléphone.
10. Il ne connaît pas mon numéro de téléphone par cœur.

Je crois

11. qu'il arrive demain par le train.
12. que vous buvez trop.
13. que j'ai la grippe.

Il trouve

14. que cette cravate est trop chère.
15. que l'autobus n'est pas confortable.
16. que tu te trompes.

A11 Umiem • Znam • Myślę

Umiem [oumièm]

1. **prowadzić samochód.** [provadj'itch' samoh^{r}oud]
2. **liczyć.** [litchytch']
3. **pisać.** [pisatch]

Czy zna Pan/Pani [Tchy zna Pan/Pani]

4. **mojego brata ?** [moïègo brata ?]
5. **dobrą restaurację w mieście ?** [dobrôn restaouratsïin v mièch'tch'è ?]
6. **muzeum Mickiewicza ?** [mouzèoum Mitskièvitcha ?]

7. **Znam polski.** [Znam polski]
8. **Nie znam chińskiego.** [Niè znam h^{r}inskiègo]
9. **On zna mój numer telefonu.** [On zna mouï noumèr tèlèfonou]
10. **On nie zna mojego numeru telefonu na pamięć.** [On niè zna moïègo noumèrou tèlèfonou za pamiintch']

Myślę, [mych'lin]

11. **że on przyjedzie jutro pociągiem.** [jè on pjyïèdj'è ïoutro potch'ôngièm]
12. **że Pan pije za dużo.** [jè Pan püiè za doujo]
13. **że mam grypę.** [jè mam grypin]

On sądzi, [on sôndj'i]

14. **że ten krawat jest za drogi.** [jè tèn kravat ïèst za drogi]
15. **że autobus nie jest wygodny.** [jè aoutobous niè ïèst vygodny]
16. **że się mylisz.** [jè ch'in mylich]

■ Congugaison du verbe *savoir* ***(umieć) :***

umiem	[oumièm]	*je sais*
umiesz	[oumièch]	*tu sais*
umie	[oumiè]	*il/elle sait*
umiemy	[oumièmy]	*nous savons*
umiecie	[oumiètch'è]	*vous savez*
umieją	[oumièïôn]	*ils/elles savent*

• Exemples de verbes se conjuguant sur le même modèle : **jeść** [ièch'tch'] *(manger)*, **wiedzieć** [vièdj'ètch'] *(savoir)*, **rozumieć** [rozoumiètch'] *(comprendre).*

■ Conjugaison des verbes **myśleć** *(penser)*, **sądzić** *(trouver, estimer).*

Comme **lubić** *(aimer)*: voir page 42.
Exemples de verbes se conjuguant sur le même modèle : **robić** [robitch'] *(faire),* **mówić** [mouvitch'] *(parler),* **twierdzić** [twierdj'itch'] *(affirmer).*

■ La traduction de *que* :

On traduit *que* après les verbes comme *penser* **(myśleć)**, *croire* **(wierzyć)**, *trouver* **(sądzić)**, et aussi *dire* **(mówić, powiedzieć)**, etc. par « **że** ».
Exemples :
je pense que je t'aime – **myślę, że Cię kocham.**
je crois que tu dis la vérité – **wierzę, że mówisz prawdę.**
elle trouve que tu as raison – **ona sądzi, że masz rację.**
il dit qu'elle est bête – **on mówi, że ona jest głupia.**

➡ **RETENEZ AUSSI :**

o kim myślisz ? [o kim mych'lèch ?] – *à qui penses-tu ?*
myślę o Leszku [mych'lin o Lechkou] – *je pense à Leszek*
o czym on mówi ? [o 'tchym on mouvi ?] – *de quoi parle-t-il ?*
mówi o córce [mouvi o tsourtsè] – *il parle de sa fille*
mówi o synu [mouvi o synou] – *il parle de son fils*
mówi o córkach [mouvi o tsourkah[r]] – *il parle de ses filles*
mówi o synach [mouvi o synal[r]] – *il parle de ses fils*

A11	Umiem Znam Myślę	**ENTRAÎNEZ-VOUS**

A **Comment diriez-vous en polonais ?**

1. *Je crois que tu as la grippe.*
2. *Il sait conduire la voiture.*
3. *Il connaît le polonais.*
4. *Je trouve que ceci est trop cher.*
5. *Ils connaissent le chinois.*
6. *Je connais ton frère.*
7. *Elle connaît un bon restaurant.*
8. *Je pense qu'il se trompe.*
9. *Il trouve que ce restaurant est bon.*
10. *Elle connaît ce musée.*

B **Mettez les phrases de l'exercice A (en polonais) à la forme interrogative.**

SOLUTIONS

A
1. **Myślę, że masz grypę.**
2. **On umie prowadzić samochód.**
3. **On zna polski.**
4. **Sądzę, że to jest za drogie.**
5. **Oni znają chiński.**
6. **Znam Twojego brata.**
7. **Ona zna dobrą restaurację.**
8. **Myślę, że on się myli.**
9. **On sądzi, że ta restauracja jest dobra.**
10. **Ona zna to muzeum.**

B
1. **Czy myślisz że mam grypę ?** *(est-ce que tu crois que j'ai la grippe ?)*
2. **Czy on umie prowadzić samochód ?** *(est-ce qu'il sait conduire la voiture ?)*
3. **Czy on zna polski ?** *(est-ce qu'il connaît le polonais ?)*
4. **Czy sądzisz, że to jest za drogie ?** *(est-ce que tu trouves que ceci est trop cher ?)*
5. **Czy oni znają chiński ?** *(est-ce qu'ils connaissent le chinois ?)*
6. **Czy znasz mojego brata ?** *(est-ce que tu connais mon frère ?)*
7. **Czy ona zna dobrą restaurację ?** *(est-ce qu'elle connaît un bon restaurant ?)*
8. **Czy myślisz, że on się myli ?** *(est-ce que tu penses qu'il se trompe ?)*
9. **Czy on sądzi, że ta restauracja jest dobra ?** *(est-ce qu'il trouve que ce restaurant est bon ?)*
10. **Czy ona zna to muzeum ?** *(est-ce qu'elle connaît ce musée ?)*

A12 Mon/Ma • Ton/Ta • Son/Sa

1. Mon frère est étudiant.
2. Ma sœur est malade.
3. Mes enfants sont encore petits.

4. Est-ce que tu as ton vélo ?
5. Que fait ta mère dimanche ?
6. Où sont tes livres ?

7. Notre voiture est en panne.
8. Notre fille est en France.
9. Nos parents sont morts.

10. Je vous apporte vos bières.

11. Voici votre mari !
12. Voici votre femme !
13. C'est votre maison ?

14. Les cours de Krystyna sont intéressants.

15. Mais ses leçons sont difficiles.

16. C'est l'anniversaire de Piotr.
17. Je crois que c'est son anniversaire.

18. Voici la chambre de mes enfants.
19. Et voici leurs jouets.

A12 Mój/Moja • Twój/Twoja • Jego/Jej

1. **Mój brat jest studentem.** [Mouï brat ièst stoudèntèm]
2. **Moja siostra jest chora.** [Moïa ch'ostra ïèst h^{r}ora]
3. **Moje dzieci są jeszcze małe.** [Moïè dj'ètch'i sôn ïèchtchè maw'è]

4. **Czy masz swój rower ?** [Tchy mach svouï rovèr]
5. **Co robi Twoja mama w niedzielę ?** [Tso robi tvoïa mama v nièdj'èlè ?]
6. **Gdzie są Twoje książki ?** [Gdj'è sôn tvoïè kch'ônjki ?]

7. **Nasz samochód jest zepsuty.** [Nach samoh^{r}oud ïèst zèpsouty]
8. **Nasza córka jest we Francji.** [Nacha tsourka ïèst ve Frantsïi]
9. **Nasi rodzice nie żyją.*** [Nach'i rodj'icè niè jyïon]

10. **Przynoszę Wam Wasze piwo.** [Pjynochin vam vachè pivo]

11. **Oto Pani mąż !** [Oto pari mônj !]
12. **Oto Pana żona !** [Oto Pana jona !]
13. **To jest Państwa dom ?** [To ïèst Panstva dom ?]

14. **Wykłady Krystyny są interesujące.** [Vykw'ady Krystyny sôn intèrèsouïôntsè]
15. **Ale jej lekcje są trudne.** [Alè ïèï lèktsïè sôn troudnè]

16. **To są urodziny Piotra.** [To sôn ourodj'iny Piotra]
17. **Sądzę, że to są jego urodziny.** [Sôndzin, jè to sôn ïègo ourodj'iny]

18. **Oto pokój moich dzieci.** [Oto pokouï moih'r dj'ètch'i]
19. **Oto ich zabawki.** [Oto ih^{r} zabavki]

---

* Mot à mot : *nos parents ne vivent pas.*

■ La traduction des possessifs de la 1er et 2e personne :

Les adjectifs possessifs (*mon, ma,* etc.), prennent des formes différentes suivant le genre de l'objet possédé :

• Objet possédé :

Masculin	Féminin	Neutre	Traduction
Mój	**Moja**	**Moje**	*Mon/Ma*
Twój	**Twoja**	**Twoje**	*Ton/Ta*
Nasz	**Nasza**	**Nasze**	*Notre*
Wasz	**Wasza**	**Wasze**	*Votre*

En plus, ils se déclinent comme le nom auquel ils se rapportent.
Exemples :

Moja matka jest w domu *Ma mère est à la maison*
Kocham moją matkę *J'aime ma mère*
Nie ma mojej matki *Ma mère n'est pas là*

■ La traduction des possessifs de la 3e personne :

Les possessifs de la 3e personne (*son, sa, ses, leur, leurs*) se traduisent par une périphrase : *de lui, d'elle, d'eux*. Ils sont donc variables selon le genre du possesseur.

Sa voiture : **jego samochód** (m. à m. : *la voiture de lui)*
Sa voiture : **jej samochód** (m. à m. : *la voiture d'elle)*
Leur voiture : **ich samochód** (m. à m. : *la voiture d'eux)*
Ses enfants : **jego dzieci** (m. à m. : *les enfants de lui)*
Ses enfants : **jej dzieci** (m. à m. : *les enfants d'elle)*
Leurs enfants : **ich dzieci** (m. à m. : *les enfants d'eux/d'elles)*

■ La traduction d'expressions *la voiture de Piotr...* etc.

Samochód Piotra : *la voiture de Piotr*
Samochód Krystyny : *la voiture de Krystyna*

Le nom du possesseur se met au cas « génitif », c'est-à-dire le cas également utilisé après les verbes négatifs. Le plus souvent, les noms masculins sont en **–a** ou **–u,** les noms féminins en **–y** ou **–i**.

➡ RETENEZ AUSSI :

On emploie très souvent en polonais des tournures avec un **adjectif** plutôt qu'un complément de nom, par exemple :

wypadek samochodowy [vypadèk samohrodovy] – *accident de voiture*
pensja dyrektorska [pènsïa dyrèktorska] – *salaire de directeur*
kuchenka mikrofalowa [kouhrènka mikrofalova] – *four à micro-ondes*
fotel skórzany [fotèl skoujany] – *fauteuil de cuir*
bilet kolejowy [bilèt koleïovy] – *billet de chemin de fer*
handel uliczny [hrandèl oulitchny] – *commerce de rue*

A12 Mój/Moja Twój/Twoja Jego/Jej — ENTRAÎNEZ-VOUS

A **Mettez dans le bon ordre :**

1. **jest samochód zepsuty Piotra.**
2. **są dzieci we moje Francji.**
3. **domu rodzice są nasi w.**
4. **Twój jest studentem czy brat ?**
5. **wykłady są jej trudne.**

B **Comment diriez-vous en français ?**

1. **mój brat.**
2. **jego siostra.**
3. **moi rodzice.**
4. **wasz dom.**
5. **nasz samochód.**
6. **rower.**
7. **lekcja.**
8. **pokój.**
9. **dzieci.**
10. **interesujący.**

SOLUTIONS

A
1. **Samochód Piotra jest zepsuty.** *(la voiture de Pierre est en panne).*
2. **Moje dzieci są we Francji.** *(mes enfants sont en France).*
3. **Nasi rodzice są w domu.** *(nos parents sont à la maison).*
4. **Czy Twój brat jest studentem ?** *(est-ce que ton frère est étudiant ?).*
5. **Jej wykłady są trudne.** *(ses cours sont difficiles).*

B
1. *mon frère.*
2. *sa sœur.*
3. *mes parents.*
4. *votre maison.*
5. *notre voiture.*
6. *un vélo.*
7. *une leçon.*
8. *une chambre.*
9. *les enfants.*
10. *intéressant.*

Łódź
C'est la deuxième ville de Pologne et le plus grand centre industriel du pays. Au XIXe siècle s'y est développée une importante industrie textile. Son école de cinéma a formé les plus grands cinéastes polonais : Andrzej Wajda, Roman Polanski, voir A16.

A13 Ce/Cette · Ces

1. Ce bâtiment est moderne.
2. Celui-là est ancien.
3. Aimez-vous cette ville ? *(fém./masc.)*
4. Cette jeune fille est ma nièce.
5. Ces enfants sont bien élevés.
6. Ce prix est trop élevé pour cette jupe !
7. Pourquoi n'essayez-vous pas ce magasin ? *(masc./fém.)*
8. Je n'aime pas ce genre de gens.
9. Il chante toujours la même chanson.
10. Nous allons toujours dans le même hôtel.
11. C'est la même chose !
12. J'ai la même voiture que Piotr.
13. Il travaille dans le même immeuble que Maria.
14. Il est plus vieux que Piotr.
15. Elle est plus jeune que Piotr.
16. Les Polonais sont plus romantiques que les Français.
17. La situation est pire cette année que l'année dernière.

A13 Ten/Ta · Ci/Te

1. **Ten budynek jest nowoczesny.**	[Tèn boudynèk ïèst novotchèsny]
2. **Tamten jest stary.**	[Tamtèn ïèst stary]
3. **Czy lubi Pan/Pani to miasto ?**	[Tchy loubi Pan/Pani to miasto ?]
4. **Ta młoda dziewczyna jest moją siostrzenicą.**	[Ta mw'oda dj'èvtchyna ïèst moïôn ch'ostjènitsôn]
5. **Te dzieci są dobrze wychowane.**	[Tè dj'ètch'i sôn dobjè vyh^{r}ovanè]
6. **Ta cena jest za wysoka za tę spódnicę !**	[Ta tsèna ïèst za wysoka za tin spoudnitsé !]
7. **Dlaczego nie spróbuje Pani/Pan w tym sklepie ?**	[Dlatchègo niè sproubouïè Pani/Pan v tym sklèpie ?]
8. **Nie lubię ludzi tego typu.**	[Niè loubiè loudj'i tègo typou]
9. **On śpiewa zawsze tę samą piosenkę.**	[On ch'pièva zavchè tin samôn piosènkin]
10. **Jeździmy zawsze do tego samego hotelu.**	[Ïèjdj'imy zavchè do tègo samègo h^{r}otèlou]
11. **To jest to samo !**	[To ïèst to samo !]
12. **Mam taki sam samochód jak Piotr.**	[Mam taki sam samoh^{r}oud yak Piotr]
13. **On pracuje w tym samym budynku co Maria.**	[On pratsouïè v tym samym boudynkou tso Maria]
14. **On jest starszy od Piotra.**	[On ïèst starchy od Piotra]
15. **Ona jest młodsza od Piotra.**	[Ona ièst mw'odcha od Piotra]
16. **Polacy są bardziej romantyczni niż Francuzi.**	[Polatsy sôn bardj'ëi romantytchni nij Frantsouj'i]
17. **Sytuacja w tym roku jest gorsza niż w zeszłym.**	[Sytouatsïa w tym rokou ïèst gorcha nij v zèchw'ym]

A13	Ce/Cette Ces	CONSTRUCTIONS & REMARQUES

■ Les démonstratifs : *ce, cette* :

Ils se traduisent en polonais par **ten** *(masculin)*, **ta** *(féminin)*, **to** *(neutre)*.

Déclinaison simplifiée :

• Singulier :

Nominatif (cas sujet) : **ten, ta, to** [tèn, ta, to] = *ce, cette*

Accusatif (cas complément) : **tego, tę, to** [tègo, ta, to] = *ce, cette*

Génitif (cas complément du nom ou de verbe négatif) : **tego, tej, tego** [tègo, tèï, tègo] = *ce, cette*

Instrumental (cas après le verbe *être*) : **tym, tą, tym** [tym, tôn, tym] = *ce, cette*

• Pluriel :

Nominatif (cas sujet) : **ci, te, te** [tch'i, tè, tè] = *ces*

Accusatif (cas complément) : **tych, te, te** [tyhʳ, tè, tè] = *ces*

Génitif (cas complément du nom ou de verbe négatif) : **tych, tych, tych** [tyhʳ, tyhʳ, tyhʳ] = *ces*

Instrumental (cas après le verbe *être*) : **tymi, tymi, tymi** [tymi, tymi, tymi] = *ces*

■ *Le même, la même* :

• On emploie l'expression **ten sam** *(masculin)*, **ta sama** *(féminin)*, **to samo** *(neutre)*.

• Les compléments de l'expression **ten sam** sont introduits par **co**.

Exemples : **ten sam Pan co wczoraj** = *le même monsieur qu'hier ;* **to samo miasto co w zesztym roku** = *la même ville que l'année dernière.*

■ Les comparatifs :

• Les comparatifs des adjectifs (*plus vieux, plus jeune,* etc.) se forment en général de la manière suivante :

radical de l'adjectif + **sz** + terminaison

star-sz-y = *plus vieux*

mołd-sz-y = *plus jeune*

• Quand les adjectifs sont trop longs ou d'origine étrangère, on forme le comparatif avec **bardziej** *(plus)*.

bardziej inteligentny = *plus intelligent.*

• Comparatifs irréguliers :

Pire : **gorszy**

Meilleur : **lepszy**

• Les compléments des comparatifs sont introduits par **niż** (+ nominatif) ou **od** (+ génitif).

on jest starszy niż Piotr = **on jest starzszy od Piotra** = *il est plus vieux que Piotr.*

A13 Ten/Ta Ci/Te — ENTRAÎNEZ-VOUS

A **Comment diriez-vous en polonais ?**

1. *Cette ville est très moderne.*
2. *Ma nièce est bien élevée.*
3. *Cette jupe est trop chère.*
4. *Je n'aime pas cette jeune fille.*
5. *Il est plus jeune que Piotr.*
6. *Elle habite dans le même immeuble que moi.*
7. *Ce magasin est plus cher que celui-là.*
8. *Il aime ces enfants.*
9. *Cet hôtel est ancien.*
10. *Je n'aime pas cette voiture.*

SOLUTIONS

A

1. **To miasto jest bardzo nowoczesne.**
2. **Moja siostrzenica jest dobrze wychowana.**
3. **Ta spódnica jest za droga.**
4. **Nie lubię tej młodej dziewczyny.**
5. **On jest młodszy od Piotra.**
6. **Ona mieszka w tym samym budynku co ja.**
7. **Ten sklep jest droższy od tamtego.**
8. **On lubi te dzieci.**
9. **Ten hotel jest stary.**
10. **Nie lubię tego samochodu.**

CRACOVIE (KRAKOW)

C'est la 3e ville polonaise (près de 800 000 h.).
Au XIe siècle, le roi **Casimir,** dit le **Rénovateur,** en fit la capitale de la Pologne. En 1241, la ville fut attaquée et dévastée par les **Tatars.** Une des premières universités d'Europe y fut créée en 1314 et son rayonnement attira artistes et artisans qui en firent la plus belle ville de Pologne. Elle échappa aux bombardements de la seconde guerre mondiale.

• C'est à Cracovie qu'étudia l'astronome **Nicolas Copernic** (1473-1543) qui démontra que la terre tournait sur elle-même et autour du soleil.

• C'est aussi à Cracovie que naquirent les premières créations de l'artiste **Tadeusz Kantor** (1915-1990), metteur en scène, peintre et scénographe.

A14 Je vais · Je pars

1. Je vais à l'école (à pied).
2. Tu vas au bureau (en voiture).
3. Il va à l'université, en voiture/à pied.

4. Veux-tu venir à la maison ce soir ?

5. Nous venons en Pologne tous les ans.
6. Ils viennent de Lituanie.

7. Je pars demain pour la France.
8. L'excursion part de l'hôtel à 8 heures.

9. Mes enfants ne partent pas en vacances.

10. Entrée.
11. Sortie.

À la gare :

12. Le train part à 16 heures.

13. Il arrive à 20 heures.

14. Horaire de départ.
15. Horaire d'arrivée.
16. Tableau des départs et des arrivées.

À l'aéroport :

17. L'avion part à 18 heures.

18. L'avion de Berlin arrive en retard.

19. Départs / arrivées.

A14 Idę • Wyjeżdżam

1.	**Idę do szkoły.**	[Idin do chkow'y]
2.	**Jedziesz do biura.**	[Ïèdj'èch do bioura]
3.	**On jedzie na uniwersytet.**	[On ïèdj'è na ounyversytèt]
	On idzie na uniwersytet.	
4.	**Czy chcesz przyjechać do domu dziś wieczorem ?**	[Tchy h^{r}tsèch pjyïèh^{r}atch' do domou dj'ich' viètchorèm ?]
5.	**Przyjeżdżamy do Polski co roku.**	[Pjyïèjdjamy do Polski tso rokou]
6.	**Oni przychodzę z Litwy.**	[Oni pjyh^{r}odzôn z Litvy]
7.	**Wyjeżdżam jutro do Francji.**	[Vyïèjdjam ïoutro do Frantsïi]
8.	**Wycieczka odjeżdża z hotelu o 8^{00}. (o ósmej).**	[Vytch'ètchka odïèjdja z h^{r}otèlou o ousmèï]
9.	**Moje dzieci nie wyjeżdżają na wakacje.**	[Moïè dj'ètch'i niè vyïèjdjaïôn na vakatsïi]
10.	**Wejście.**	[Vèïch'tch'è]
11.	**Wyjście.**	[Vyïch'tch'è]

Na dworcu : [Na dvortsou]

12.	**Pociąg odjeżdża o 16^{00}. (o szesnastej)**	[Potch'ông odïèjdja o 16] [(o chèsnastèï)]
13.	**Przyjeżdża o 20^{00}. (o dwudziestej)**	[Pjyïéjdja o 20] [(o dvoudj'èstéï)]
14.	**Godziny odjazdów.**	[Godj'iny odïazdouf]
15.	**Godziny przyjazdów.**	[Godj'iny pjyïazdouf]
16.	**Rozkład odjazdów i przyjazdów.**	[Rozkw'ad odïazdouf i pjyïazdouf]

Na lotnisku : [Na lotniskou]

17.	**Samolot odlatuje o 18^{00}. (o osiemnastej)**	[samolot odlatouïè o 18] [(o och'èmnastèï)]
18.	**Samolot z Berlina przyleci spóźniony**	[Samolot z Berlina pjylètch'i spoujniony]
19.	**Odloty/przyloty.**	[Odloty/pjyloty]

■ Les verbes de mouvement (*aller venir, sortir,* etc.) en polonais sont différents suivant le mode de locomotion utilisé (à pied, en voiture, en avion, etc.).
Aller *(à pied)*: **chodzić ; iść ; pójść**
Aller *(en voiture, en train)*: **jeździć ; jechać**
Aller *(en avion)*: **latać ; lecieć**

■ De plus, on forme toute une série d'autres verbes en ajoutant à ces verbes « primaires » des suffixes qui les précisent :
Arriver (à *pied)*: **przychodzić ; przyjść**
Arriver *(en voiture)*: **przyjeżdżać ; przyjechać**
Sortir *(à pied)*: **wychodzić ; wyjść**
Partir *(en voiture)*: **wyjeżdżać ; wyjechać**
Sortir *(à pied),* quitter : **odchodzić ; odejść**
Décoller : **odlatywać ; odlecieć**
Descendre *(à pied)*: **schodzić ; zejść**

■ Modèles de conjugaison

- **Chodzić** = *aller* – comme **sądzić** (voir p. 137.)

• **Iść** = *aller*

idę	[idin]	*je vais*
idziesz	[idj'èch]	*tu vas*
idzie	[idj'è]	*il va*
idziemy	[idj'èmy]	*nous allons*
idziecie	[idj'tch'è]	*vous allez*
idą	[idôn]	*ils vont*

- **Pójść** = *aller* – comme **iść**, le **j** remplaçant le **i**

• **Jeździć** = *aller* (en voiture)

jeżdżę	[ïèjdjin]	*je vais*
jeździsz	[ïèjédj'ich]	*tu vas*
jeździ	[ïèj'dj'i]	*il va*
jeździmy	[ïèj'dj'imy]	*nous allons*
jeździcie	[ïèj'dj'itch'è]	*vous allez*
jeżdżą	[ïèjdjôn]	*ils vont*

• **Jechać** = *aller* (en voiture)

jadę	[ïadin]	*je vais*
jedziesz	[ïèdj'èch]	*tu vas*
jedzie	[ïèdj'è]	*il va*
jedziemy	[ïèdj'èmy]	*nous allons*
jedziecie	[ïèdj'ètch'è]	*vous allez*
jadą	[ïadôn]	*ils vont*

- **Latać** = *aller* (en avion) ; *voler* – comme **mieć** *(avoir)* – voir p. 130.
- **Lecieć** = *aller* (en avion) – comme **sądzić** *(trouver, estimer)* – voir p. 133.

A **Comment diriez-vous en polonais ?**

1. *Je viens à Paris tous les ans.*
2. *Il ne va pas à l'école aujourd'hui ?*
3. *Elle part demain pour la Lituanie.*
4. *Le train arrive à 16 heures.*
5. *L'avion pour Varsovie part à 20 heures.*

B **Comment diriez-vous en français ?**

1. **na dworcu.**
2. **wejście.**
3. **na lotnisku.**
4. **do biura.**
5. **pociąg.**
6. **odjazdy i przyjazdy.**
7. **spóźniony.**
8. **przyloty.**
9. **wyjeżdżać.**
10. **iść.**

SOLUTIONS

A
1. **Przyjeżdżdam do Paryża co roku.**
2. **On nie idzie dziś do szkoły.**
3. **Ona wyjeżdża jutro na Litwę.**
4. **Pociąg przyjeżdża o 16^{00}.**
5. **Samalot do Warszawy odlatuje o 20^{00}.**

B
1. *à la gare.*
2. *entrée.*
3. *à l'aéroport.*
4. *au bureau.*
5. *le train.*
6. *départs et arrivées.*
7. *en retard.*
8. *arrivées.*
9. *partir.*
10. *aller.*

Gdansk

Le port de **Gdansk,** en français *Dantzig,* remonte au xe siècle où s'y installèrent des colons allemands qui appellèrent le lieu **Danzig.** Après une victoire en 1410 des Polonais sur les chevaliers Teutoniques, **Gdansk** fut rattaché à la Pologne. Devenue, en 1919, «ville libre», son occupation par les Nazis le 1er septembre 1939 marqua le déclenchement de la 2e guerre mondiale. C'est dans les années 80 qu'autour d'un ouvrier électricien, **Lech Walesa**, naquit le mouvement **Solidarność** qui mena à sa fin le régime communiste.

A15 Je dois • Il faut

Je dois

1. téléphoner chez moi.
2. aller à la banque.
3. acheter mon billet d'avion.

Il faut

4. s'arrêter au feu rouge.

5. réserver les places pour le théâtre.

6. absolument visiter la Vieille Ville.

Il faut

7. que tu partes en vacances.
8. qu'il sorte de chez lui.
9. que tu écoutes ta mère.
10. que nous finissions notre travail.

11. que vous visitiez Cracovie.

12. Ne pas toucher !
13. Défense d'entrer !

14. Je vous prie de partir.
15. S'il vous plaît, ne parlez pas.
16. Prière de frapper fort.

A15 Muszę • Trzeba

Muszę [mouchin]

1. **zatelefonować do domu.** [zatèlèfonovatch' do domou]
2. **iść do banku.** [ich'tch' do bankou]
3. **kupić bilet na samolot.** [koupitch' bilèt na samolot]

Trzeba [tjèba]

4. **zatrzymywać się na czerwonym świetle.** [zatjymywatch' ch'in na tchèrvonym ch'viètlè]
5. **zarezerwować miejsca do teatru.** [zarèzervovatch' mièïstsa do tèatrou]
6. **absolutnie zwiedzić Stare Miasto.** [absoloutniè zvièdj'itch Starè Miasto]

Trzeba [tjèba]

7. **żebyś wyjechał na wakacje.** [jèbych' vyïèh[r]aw' na vakatsïè]
8. **żeby on wyszedł z domu.** [jèby on vychèdw' z domou]
9. **abyś słuchał mamy.** [abych' sw'ouh[r]aw' mamy]
10. **abyśmy skończyli naszą pracę.** [abych'my skontchyli nachôn pratsin]
11. **abyście zwiedzili Kraków.** [abych'tch'è zvièdj'ili Krakouf]

12. **Nie dotykać!** [Niè dotykatch' !]
13. **Zakaz wchodzenia!** [Zakaz wchodzènia !]

14. **Proszę wyjechać.** [prochin vyïèh[r]atch']
15. **Bardzo proszę nie mówić!** [bardzo prochin niè mouvitch']
16. **Proszę głośno pukać.** [prochin gw'osno poukatch']

■ La conjuguaison de *devoir* **(musieć)**:

muszę	[mouchin]	*je dois*
musisz	[mouch'ich]	*tu dois*
musi	[mouch'i]	*il doit*
musimy	[mouch'imy]	*nous devons*
musicie	[mouch'itch'è]	*vous devez*
muszą	[mouchôn]	*ils doivent*

• Autres verbes se conjuguant sur le même modèle: **prosić** *(demander, prier)*; **wchodzić** *(entrer)*; **wychodzić** *(sortir)*.

■ La construction de **musieć, prosić**:
• **Musieć** et **prosić** se construisent avec l'infinitif:
Muszę pracować [mouchin pratsovatch'] = *je dois travailler.*
Proszę wejść [prochin vèïch'tch'] = *je vous prie d'entrer; s'il vous plaît, entrez.*

• Remarque: il est souvent beaucoup plus simple grammaticalement (et plus poli) d'employer une tournure avec **proszę** + infinitif qu'une forme d'impératif.

■ **Trzeba** *(il faut)*
• **Trzeba** est une forme invariable qui peut s'utiliser:
a) – avec l'infinitif: **trzeba jechać** [tjèba ïèh'atch'] = *il faut y aller*
b) – avec **żeby/aby** + la forme participiale.
Dans ce cas:
– on fait porter sur **żeby/aby** la désinence de la personne: **żeby<u>m</u>** = *que je ...*; **żeby<u>ś</u>** = *que tu ...*; **żeby** = *qu'il(s)/qu'elle(s) ...*; **żeby<u>śmy</u>** = *que nous ...*; **żeby<u>ście</u>** = *que vous ...*
– la forme participiale se forme le plus souvent en enlevant à l'infinitif son **ć** caractéristique, et en le remplaçant par: **ł** (masculin singulier); **ła** (féminin singulier); **li** (masculin pluriel); **ły** (féminin pluriel). Pour une description complète des formes, voir index grammatical.

Exemples :

Il faut que je parte (m.)	**Trzeba, żeby<u>m</u> wyjachał**
Il faut que je parte (f.)	**Trzeba, żeby<u>m</u> wyjecha<u>ła</u>**
Il faut que tu partes	**Trzeba, żeby<u>ś</u> wyjecha<u>ł</u> / wyjecha<u>ła</u>**
Il faut qu'il/elle parte	**Trzeba, żeby wyjechał / wyjecha<u>ła</u>**
Il faut que nous partions	**Trzeba, żeby<u>śmy</u> wyjecha<u>li</u> / <u>ły</u>**
Il faut que vous partiez	**Trzeba, żeby<u>ście</u> wyjecha<u>li</u> / <u>ły</u>**
Il faut qu'ils/elles partent	**Trzeba, żeby wyjecha<u>li</u> / <u>ły</u>**

A **Comment diriez-vous en polonais ?**

1. *Il faut que tu visites la Vieille Ville.*
2. *Il faut réserver les billets pour l'avion.*
3. *Je dois partir pour les vacances.*
4. *Il faut qu'il reste au bureau.*

B **Répondez aux questions de l'exercice A à la forme négative (en polonais).**

SOLUTIONS

A

1. **Trzeba żebyś zwiedził Stare Miasto.**
2. **Trzeba zarezerwować bilety na samolot.**
3. **Muszę wyjechać na wakacje.**
4. **On powinien zostać w biurze.**

B

1. **Nie trzeba żebyś zwiedził Starego Miasta.** *(il ne faut pas que tu visites la Vieille Ville).*
2. **Nie trzeba zarezerwowác biletów na samolot.** *(il ne faut pas réserver les billets pour l'avion).*
3. **Nie muszę wyjechać na wakacje.** *(je ne dois pas partir pour les vacances).*
4. **On nie powinien zostać w biurze.** *(il ne faut pas qu'il reste dans un bureau).*

Quelques polonais(e)s célèbres

Marie Sklodowska (1867-1934) née à Varsovie.
Prix Nobel de physique en 1903 avec son mari Pierre Curie, **Marie Curie** obtint le prix Nobel de chimie en 1911 avec la découverte du radium, qui mena, entre autre, à l'utilisation des rayons X.

A16 Je ne le dirai pas

1. Ce voyage dure longtemps.
2. Il durera encore longtemps.
3. Je peux le dire
   mais je ne le dirai pas.
4. Il achète ses souvenirs aujourd'hui ;
   j'achèterai les miens demain.
5. Nous commençons à apprendre le polonais.
6. Vous, vous commencerez l'année prochaine.
7. Ils voient le paysage par la fenêtre.
8. Ils verront un film ce soir.
9. Je penserai toujours à toi.
10. Où feras-tu tes études l'année prochaine?
11. Il habitera chez ses amis à Paris.
12. Nous voyagerons en autobus.
13. Quand vous voudrez, vous me téléphonerez.
14. Elles ne pourront pas porter tous leurs bagages
    seules.

A16 Nie powiem

1. **Ta podróż długo trwa.**	[Ta podrouj dw'ougo trva]
2. **Ona jeszcze długo potrwa.**	[Ona ïèchtchè dw'ougo potrva]
3. **Mogę to powiedzieć, ale nie powiem.**	[mogin to povièdzietch', alè niè povièm]
4. **On kupuje prezenty dziś, ja kupię swoje jutro.**	[on koupouïè prèzènty dj'ich'] [ïa koupiè svoïè ïoutro]
5. **Zaczynamy się uczyć polskiego.**	[Zatchynamy ch'in outchytch' polskiègo]
6. **Wy zaczniecie w przyszłym roku.**	[Vy zatchnièch'è v pjychw'ym rokou]
7. **Oni widzą pejzaż przez okno.**	[Oni vidzôn pèïzaj pjèz okno]
8. **Oni zobaczą film dziś wieczorem.**	[Oni zobatchôn film dj'ich' vièchorèm]
9. **Będę zawsze o Tobie myślał.**	[Bèndin zavchè o tobiè mych'law']
10. **Gdzie będziesz studiował w przyszłym roku ?**	[Gdzj'è bèndj'èch' stoudiovaw' v pjychw'ym rokou ?]
11. **On będzie mieszkał u swoich przyjaciół w Paryżu.**	[On bèndj'è mièchkaw' ou svoïh^{r} pjyïatch'ouw' v Paryjou]
12. **Będziemy podróżować autobusem.**	[Bèndj'èmy podroujovatch aoutobousèm]
13. **Kiedy będziecie chcieli, zatelefonujecie do mnie.**	[Kièdy bèdj'ètch'è h^{r}tch'èli, zatèlèfonouïètch'è do mniè]
14. **One nie będą mogły zanieść same swoich bagaży.**	[One niè bèndôn mogw'y zanièch'tch' samè svoïè bagajy]

■ Le sens futur des verbes dit « perfectifs »

Les verbes polonais vont souvent « par paires » : **zaczynać** *(imperfectif)* / **zacząć** *(perfectif)*; **trwać** *(imperfectif)* / **potrwać** *(perfectif)*.

- L'« imperfectif » dénote une action non achevée, durable, indéfinie *(sens présent)*.
- Le perfectif dénote une action achevée, précisée, finie *(sens futur)*.

Parfois, ces « paires » sont deux verbes très différents : **mówić** *(imperfectif)* / **powiedzieć** *(perfectif)*.
La série des formes perfectives a un sens futur, même lorsqu'elle est conjuguée au présent :
powiem : *je dirai*
zobaczę : *je regarderai*
potrwa : *ça durera*

■ Le futur des verbes « imperfectifs »

Les verbes « imperfectifs » qui, eux, ont normalement un sens présent quand ils sont conjugués au présent, forment leur futur avec l'auxiliaire *être* au futur :

- Conjugaison du verbe *être* au futur :

będę	[bèndin]	*je serai*
będziesz	[bendj'ech]	*tu seras*
będzie	[bendj'è]	*il/elle sera*
będziemy	[bendj'èmy]	*nous serons*
będziecie	[bendj'ètch'è]	*vous serez*
będą	[bedôn]	*ils/elles seront*

Première forme possible de futur : *être* au futur + infinitif :
będę widzieć [bèndin vidj'ètch'] = *je verrai*
będą mieszkać [bèndin mièchkatch'] = *ils habiteront*

Deuxième forme possible de futur : *être* au futur + forme participiale en **–ł/ła** *(singulier)* et **–li/ły** *(pluriel)*

będę widział	[bendin vidj'aw']	*je verrai* (sujet masc.)
będę widziała	[bendin vidj'aw'a]	*je verrai* (sujet fém.)
będziesz widział	[bendj'èch vidj'aw']	*tu verras* (sujet masc.)
etc.		
będziemy widzieli	[bendj'èmy vidj'èli]	*nous verrons* (sujet masc.)
będziemy widziały	[bendj'èmy vidj'aw'y]	*nous verrons* (sujet fém.)
etc.		

A16 Nie powiem | ENTRAÎNEZ-VOUS

[A] **Essayez de mettre ces expressions et verbes au futur (en polonais) :**

1. *Je dis – je dirai*
2. *le film dure longtemps*
3. *il commence*
4. *j'achète une robe*
5. *elle voit*
6. *je pense à mes parents*

[B] **Comment diriez-vous en polonais ?**

1. *Je verrai ce film ce soir.*
2. *Il voyagera en train.*
3. *Il te téléphonera.*
4. *J'habiterai à Paris.*
5. *Mes études dureront longtemps.*

SOLUTIONS

[A]
1. **mówię – powiem.**
2. **ten film długo trwa – ten film długo potrwa.** *(ce film durera longtemps).*
3. **on zaczyna – on zacznie.** *(il commencera).*
4. **kupuję sukienkę – kupię sukienkę.** *(j'achèterai une robe).*
5. **ona widzi – na zobaczy.** *(elle verra).*
6. **myśle o rodzicach – będę myśleć o rodzicach.** *(je penserai à mes parents).*

[B]
1. **Zobaczę ten film dziś wieczorem.**
2. **On będzie podróżować pociągiem.**
3. **On do Ciebie zadzwoni.**
4. **Będę mieszkać w Paryżu.**
5. **Moje studia długo potrwają.**

CINÉMA
Roman Polanski, né en 1933, après des débuts dans le court-métrage, a réalisé une série de succès internationaux : **Répulsion** (1965), **Le Bal des Vampires** (1967), **Rosemary's Baby** (1968), **Chinatown** (1974), **Lune de fiel** (1992). Avec **Le Pianiste,** il revient sur les cruautés de l'occupation nazie en Pologne lors de la seconde guerre mondiale.

A17 Faites attention !

1. Donne-moi ce livre !
2. Attends un instant !
3. Debout !

4. Allons au cinéma !
5. Partons demain !
6. Espérons que tout ira bien !

7. Soyez prudent !

8. Écrivez cette lettre !

9. Faites attention !

11. Anna, viens !
12. Teresa, fais attention !
13. Staszek, ne bois pas tant !
14. Adam, écoute !

15. Je vous prie, venez !

16. S'il te plaît, mange ta soupe !

A17 Proszę uważać !

1. **Daj mi tę książkę !** [Daï mi tin kj'ônjkin]
2. **Poczekaj chwilę !** [Potchèkaï h'vilin]
3. **Powstań !** [Powstagn]

4. **Chodźmy do kina !** [H'odj'my do kina]
5. **Wyjedźmy jutro !** [Vyïèdj'my ïoutro]
6. **Miejmy nadzieję, że wszystko będzie dobrze !** [Mièïmy nadj'èïè jè vchystko bèn'djè dobjè]

7. **Bądźcie ostrożni** [bandjtch'ie ostrojni]

8. **Napiszcie ten list !** [Napichtch'è tèn list]

9. **Proszę uważać !** [Prochin ouvajatch']

11. **Anno, chodź !** [Anno, h'odj !]
12. **Tereso, uważaj !** [Tereso, ouvajaï !]
13. **Staszku, nie pij tyle !** [Stachkou, niè pille tylè !]
14. **Adamie, słuchaj !** [Adamiè, sw'ouh'aï !]

15. **Proszę, wejdźcie !** [Prochin weïdj'tch'è !]

16. **Proszę Cię, zjedz tę zupę !** [Prochin tch'è, zïèdz tin zoupin !]

A17 Faites attention ! CONSTRUCTIONS & REMARQUES

■ La formation de l'impératif:

2e personne sg. : forme brève du radical
1re personne pl. : forme de la 2e pers. sg. + **my**
2e personne pl. : forme de la 2e pers. sg. + **cie**

Exemples :

rób	[roub]	*fais*
róbmy	[roubmy]	*faisons*
róbcie	[roubtch'è]	*faites*
uważaj	[ouvajaï]	*fais attention*
uważajmy	[ouvajaïmy]	*faisons attention*
uważajcie	[ouvajaiitch'ê]	*faites attention*

Tout le problème est donc de savoir ce que doit être la forme de la 2e personne du singulier :

pisz	*(écris)*	**zarabiaj**	*(gagne)*	**zwiedzaj**	*(visite)*
piszmy	*(écrivons)*	**zarabiajmy**	*(gagnons)*	**zwiedzajmy**	*(visitons)*
piszcie	*(écrivez)*	**zarabiajcie**	*(gagnez)*	**zwiedzajcie**	*(visitez)*

■ La forme **proszę** + infinitif

La forme **proszę** + infinitif peut être utilisée pour donner des ordres d'une manière plus polie (et plus facile grammaticalement)

proszę siadać	[main ch'adatch]	*asseyez-vous* (m. à m. : *je vous prie de vous asseoir)*
proszę zjeść	[prochin ziech'tch']	*mangez* (m. à m. : *je vous prie de manger)*

■ Les formes de *vocatif* des noms de personne :

Quand on s'adresse à quelqu'un par son nom ou son prénom, on utilise la forme du « vocatif ». Le plus souvent, cette forme est en **–ie** ou **–u** pour les noms masculins ; **–o** ou **–u** pour les noms féminins.

Exemples :
Adam – Adamie ; **Pan** *(monsieur)* – **Panie** ; **Tatuś** *(papa)* – **Tatusiu** ; **Wojtek – Wojtku**
Teresa – Tereso ; **Mamusia** *(maman)* – **Mamusiu** ; **Ewa – Ewo.**

A17	Proszę uważać !	ENTRAÎNEZ-VOUS

A **Mettez les verbes entre parenthèses à la forme impérative à la 2e personne sg. et traduisez en polonais :**

1. *(attendre) ce train.*
2. *(faire) attention !*
3. *(écouter) la musique !*
4. *(téléphoner) -moi !*
5. *(manger) le déjeuner !*

SOLUTIONS

A
1. *attends ce train !* **(czekać na pociąg, poczekaj na pociąg !)**
2. *fais attention !* **(uważaj !)**
3. *écoute la musique !* **(słuchać muzyki, słuchaj muzyki !)**
4. *téléphone-moi !* **(zadzwonić do mnie, zadzwoń do mnie !)**
5. *mange le déjeuner !* **(jeść obiad, zjedz obiad !)**

MUSIQUE

Frédéric Chopin (1810-1849), né en Pologne à **Zelazowa Wola** et mort à Paris. Considéré comme le plus grand pianiste de son temps et comme un compositeur romantique de génie, auteur de valses, mazurkas, nocturnes, scherzos, préludes, etc.

LITTÉRATURE : DEUX AUTEURS (ENTRE AUTRES)

• **Henryk Sienkiewicz** (1846-1916).
Prix Nobel de littérature en 1906, auteur de romans historiques : **Par le fer et par le feu** (1884), **Les chevaliers Teutoniques** (1900) et, sans doute le plus célèbre : **Quo Vadis** (1896).
• **Czeslaw Milosz** (1911-2004).
Prix Nobel de littérature en 1980.

A18 J'étais très fatiguée

1. J'étais très fatiguée
   alors j'ai bu un café.
2. J'ai bu mon thé avec du sucre.
3. Tu n'as pas lu le journal ? *(masc.)*
4. As-tu lu les romans de Mickiewicz ? *(fém.)*
5. Il n'aimait pas les épinards
   quand il était petit.
6. Hier, il faisait mauvais temps.
7. Nous ne sommes pas allés à Cracovie. *(masc.)*
8. Nous n'avons pas visité le musée. *(fém.)*
9. Avez-vous vu le dernier film de Wajda ? *(masc.)*
10. Avez-vous fini votre petit déjeuner ? *(fém.)*
11. Ils n'ont jamais travaillé beaucoup.
12. Elles sont parties hier.

A18 Byłam bardzo zmęczona

1. **Byłam bardzo zmęczona, więc wypiłam kawę.**	[byw'am bardzo zmèn'tchona viints vypiw'am kavin]
2. **Wypiłam herbatę z cukrem.**	[wypiw'am h[r]èbatin z tsoukrèm]
3. **Nie przeczytałeś gazety ?**	[niè pjètchytaw'èch' gazèty ?]
4. **Przeczytałaś romanse Mickiewicza ?**	[pjètchytaw'ach' romansè Mitskièvitcha ?]
5. **On nie lubił szpinaku kiedy był mały.**	[on niè loubiw' chpinakou kièdy byw' maw'y]
6. **Wczoraj była brzydka pogoda.**	[vtchorai byw'a bjydka pogoda]
7. **Nie byliśmy w Krakowie.**	[niè bylich'my v Krakoviè]
8. **Nie zwiedziłyśmy muzeum.**	[niè zvièdj'iw'ych'my mouzèoum]
9. **Czy widzieliście ostatni film Wajdy ?**	[tchy vidj'èlich'tch'è ostatni film Vaidy ?]
10. **Czy skończyłyście jeść śniadanie ?**	[tchy skontchyw'ych'tch'è ïèch'tch ch'niadaniè ?]
11. **Oni nigdy dużo nie pracowali.**	[oni nigdy doujo niè pratsovali]
12. **One wyjechały wczoraj.**	[onè vyïèh'aw'y vtchoraï]

■ La formation du passé :

Le passé se forme avec :

le radical du verbe +	les suffixes +	les terminaisons
	ms : **–ł–**	1re pers. sg : **–(e)m**
	fs : **–ła–**	2e pers. sg : **–ś**
		3e pers. sg : **–**
	mpl : **–li–**	1re pers. pl : **–my**
	fpl : **–ły–**	2e pers. pl : **–ście**
		3e pers. pl : **–**

Exemple :

miałem / miałam	[miaw'em / miaw'am]	*j'avais*
miałeś / miałaś	[miaw'ech' / miaw'ach']	*tu avais*
miał / miała	[miaw' / miaw'a]	*il/elle avait*
mieliśmy / miałyśmy	[mièlich'my / miaw'ych'my]	*nous avions*
mieliście / miałyście	[mièlich'tch'è / miaw'ych'tch'è]	*vous aviez*
mieli / miały	[mièli / miaw'y]	*ils/elles avaient*

■ Le sens du passé :

Il n'y a en polonais qu'une seule forme grammaticale de passé : la différence entre le passé composé français (action terminée, unique, non répétitive) et l'imparfait (action durable ou répétitive) est rendue par la différence entre les verbes perfectifs et imperfectifs.

Par exemple :
mówiłem = *je disais* ; **powiedziałem** = *j'ai dit*
robił = *il faisait* ; **zrobił** = *il a fait*

➡ **RETENEZ AUSSI** (vocabulaire complémentaire de temps) :

l'année dernière : **w zeszłym roku**
il y a deux ans : **dwa lata temu**
la semaine dernière : **w zeszłym tygodniu**
il y a trois semaines : **trzy tygodnie temu**
hier : **wczoraj**
avant-hier : **przedwczoraj**
avant : **przed**
autrefois : **dawniej, niegdyś**
il y a longtemps : **dawno temu**

A **Comment diriez-vous en polonais ?**

1. *Aujourd'hui je suis à Paris.*
2. *Je bois de la bière.*
3. *Il lit un livre.*
4. *Aujourd'hui je suis à Varsovie et je visite le musée.*
5. *Elle part aujourd'hui pour Cracovie.*

B **Mettez les phrases de l'exercice A au passé (en polonais) :**

SOLUTIONS

A

1. **Dziś jestem w Paryżu.**
2. **Piję piwo.**
3. **On czyta książkę.**
4. **Dziś jestem w Warszawie i zwiedzam muzeum.**
5. **Ona wyjżdża dziś do Krakowa.**

B

1. **Wczoraj byłam w Paryżu.** *(hier, j'étais à Paris).*
2. **Wypiłam piwo.** *(j'ai bu de la bière).*
3. **On przeczytał książkę.** *(il a lu un livre).*
4. **Wczoraj byłam w Warszawie i zwiedziłam muzeum.** *(hier je suis allé à Varsovie et j'ai visité le musée).*
5. **Wczoraj ona wyjechała do Krakowa.** *(hier elle est partie pour Cracovie).*

JAN III SOBIESKI *(1629-1696)*

Après avoir étudié en France et en Angleterre, cet héritier d'une riche famille devient général de l'armée polonaise et bat les Turcs en 1673. Il épouse une Française, Marie-Casimire d'Arquien de la Grange en 1655. Il devient roi en 1674, et écrase à nouveau les Turcs.

On lui doit la construction, près de Varsovie, du palais de **Wilanów,** un des plus beaux châteaux de Pologne (qui abrite, entre autre, une collection d'horloges et un musée de l'affiche).

C'est Jan Sobieski qui introduisit la pomme de terre en Pologne dont au siècle suivant on tirera la vodka...

A19 Je suis chez moi

Se réveiller

1. Je me réveille à sept heures tous les matins.

S'habiller

2. Il faut s'habiller chaudement en hiver.

Se déshabiller

3. À la plage, tout le monde se déshabille.

Se faire du souci

4. Les mères se font du souci pour leurs enfants.

Se mettre (à faire quelque chose)

5. Vous vous mettez au travail.

Se terminer

6. La fête se termine.

Chez

7. Je suis chez moi.
8. Tu es chez toi.
9. Ils sont chez eux.
10. Nous ne sommes pas chez nous.
11. Vous n'êtes pas chez vous.
12. Elles sont chez elles.

On

13. On achète les journaux au kiosque.

A19 Jestem u siebie

Budzić się [boudj'itch' ch'in]

1. **Budzę się każdego ranka o siódmej.** [boudzè ch'in kajdègo ranka o ch'oudmeï]

Ubierać się [oubièratch' ch'in]

2. **Trzeba ubierać się ciepło tej zimy.** [tjèba oubièratch' ch'in tch'èpw'o tel j'imy]

Rozbierać się [rozbièratch' ch'in]

3. **Na plaży wszyscy się rozbierają.** [na plajy vchystsy chin rozbieèraïôn]

Martwić się [martvitch' ch'in]

4. **Matki martwią się o swoje dzieci.** [matki martviôn ch'in o svoïè dj'ètch'i]

Zabierać się [zabièratch'ch'in]

5. **Zabieracie się do pracy.** [zabièratch'è ch'in do pratsy]

Kończyć się [kontchytch' ch'in]

6. **Święto kończy się.** [ch'vièn'to kontchy ch'in]

U [ou]

7. **Jestem u siebie.** [ïèstèm ou ch'èbiè]
8. **Ty jesteś u siebie.** [ty ïèstèch' ou ch'èbiè]
9. **Oni są u siebie.** [oni sôn ou ch'èbiè]
10. **(My) nie jesteśmy u siebie.** [my niè ïèstèch'my ou ch'èbiè]
11. **(Wy) nie jesteście u siebie.** [vy niè ïèstèch'tch'è ou ch'èbiè]
12. **One są u siebie.** [onè sôn ou ch'èbiè]

Się [ch'in]

13. **Gazety kupuje się w kiosku.** [gazèty koupoujnn ch'in v kioskou]

■ Les verbes pronominaux

Il y a en polonais beaucoup de verbes pronominaux (équivalent du français *se réveiller, s'habiller,* etc.) : **budzić się, ubierać się,** etc. Ces verbes se conjuguent à toutes les personnes avec la particule **się** (et non pas comme en français avec un pronom variable suivant les personnes – me, te, se, etc.).

Exemples de verbes pronominaux :

dusić się : *suffoquer*
kłaść się : *se coucher*
myć się : *se laver*
śmiać się : *rire*

■ **Siebie**

Siebie est un pronom personnel réfléchi, qui correspond à peu près au français *soi* : **u siebie** = *chez soi.*
Il s'emploie aussi à toutes les personnes pour traduire *moi, toi, lui,* etc., dans les constructions réfléchies, c'est-à-dire quand le sujet de la phrase est celui auquel réfère le pronom **siebie.**
jestem u siebie = *je suis chez moi.*

■ La traduction de *on* :

Dans ses emplois les plus généraux, *on* peut être traduit en polonais par une tournure avec un verbe pronominal (verbe + **się**).
mówi się, że jutro będzie padać = *on dit qu'il pleuvra demain.*

➡ **RETENEZ AUSSI**

jak się masz ?	[ïak ch'in mach ?]	*comment vas-tu ?*
tak sobie	[tak sobiè]	*plus ou moins / ça peut aller*

A19	Jestem u siebie	ENTRAÎNEZ-VOUS

A **Traduisez en polonais :**

1. *Tous les matins il se réveille à 7h30.*
2. *Je m'habille chaudement.*
3. *Elle n'aime pas se déshabiller à la plage.*
4. *Je suis toujours à l'heure.*
5. *Il aime être chez lui.*
6. *Elle se fait du souci pour son frère.*
7. *La fête se termine et il se met au travail.*
8. *Mes enfants se lavent les dents après les repas.*
9. *Je n'aime pas être chez toi.*
10. *Il aime se mettre au travail dans son bureau.*

SOLUTIONS

A

1. **Każdego ranka on budzi się o siódmej trzydrieści.**
2. **Ubieram się ciepło.**
3. **Ona nie lubi rozbierać się na plaży.**
4. **Jestem zawsze punktualny/a.**
5. **On lubi być u siebie.**
6. **Ona martwi się o swojego brata.**
7. **Święto kończy się i on zabiera się do pracy.**
8. **Moje dzieci myją zęby po posiłkach.**
9. **Nie lubię być u siebie.**
10. **On lubi zabierać się do pracy w swoim biurze.**

NA ZDROWIE ! *À VOTRE SANTÉ !*

Apparue au XIVe, à base de céréales, *la vodka* (**Wódka**) se popularise au XVIIIe avec l'utilisation de la pomme de terre. La vodka polonaise titre autour de 40 à 45°. On en rencontre une grande variété :
- la plus célèbre, la **żubrówka,** à l'herbe de bison
- et aussi :
– la *vodka aux cerises,* **wiśniówka**
– la *vodka au miel,* **krupnik***, consommée chaude.

* Également nom d'une soupe à l'orge. v. B2.
* Pour préparer soi-même de la vodka, voir l'ouvrage « Savoureuse *Pologne* », de *Viviane Bourdon,* Édition Noir sur Blanc/Librairie polonaise.

A20 Les chiffres

Les chiffres cardinaux : (CD de à 20).

1. *un*	11. *onze*
2. *deux*	12. *douze*
3. *trois*	13. *treize*
4. *quatre*	14. *quatorze*
5. *cinq*	15. *quinze*
6. *six*	16. *seize*
7. *sept*	17. *dix-sept*
8. *huit*	18. *dix-huit*
9. *neuf*	19. *dix-neuf*
10. *dix*	20. *vingt*

21. *vingt et un*
22. *vingt-deux*

30. *trente*	200. *deux cents*
40. *quarante*	300. *trois cents*
50. *cinquante*	400. *quatre cents*
60. *soixante*	500. *cinq cents*
70. *soixante-dix*	600. *six cents*
80. *quatre-vingts*	700. *sept cents*
90. *quatre-vingt-dix*	8200. *huit cents*
100. *cent*	900. *neuf cents*
	1 000. *mille*
	10 000. *dix mille*
	1 000 000. *un million*
	2 000 000. *deux millions*

Les chiffres ordinaux : (CD du 1er au 20e).

1er. *premier*	11e. *onzième*
2e. *deuxième*	12e. *douzième*
3e. *troisième*	13e. *treizième*
4e. *quatrième*	14e. *quatorzième*
5e. *cinquième*	15e. *quinzième*
6e. *sixième*	16e. *seizième*
7e. *septième*	17e. *dix-septième*
8e. *huitième*	18e. *dix-huitième*
9e. *neuvième*	19e. *dix-neuvième*
10e. *dixième*	20e. *vingtième*

Autres expressions utiles : CD

un demi
un quart
un et demi

A20 Liczebniki

Liczebniki główne : [litchèbniki gw'ouvnè]

1	**jeden**	[ïèden]	11	**jedenaście**	[ïèdènach'tch'è]
2	**dwa**	[dva]	12	**dwanaście**	[dvanach'tch'è]
3	**trzy**	[tjy]	13	**trzynaście**	[tjynach'tch'è]
4	**cztery**	[tchtèry]	14	**czternaście**	[tchtèrnach'tch'è]
5	**pięć**	[piintch']	15	**piętnaście**	[piètnach'tch'è]
6	**sześć**	[chèch'tch]	16	**szesnaście**	[chèsnach'tch'è]
7	**siedem**	[ch'èdèm]	17	**siedemnaście**	[ch'èdèmnach'tch'è]
8	**osiem**	[och'èm]	18	**osiemnaście**	[och'èmnach'tch'è]
9	**dziewięć**	[dj'èviintch']	19	**dziewiętnaście**	[dj'èviètnach'tch'è]
10	**dziesięć**	[dj'èch'intch]	20	**dwadzieścia**	[dvadj'èch'tch'a]

21	**dwadzieścia jeden**	[dvadj'èch'tch'a ïèden]
22	**dwadzieścia dwa** etc.	[dvadj'èch'tch'a dva]

30	**trzydzieści**	[tjydj'èch'tch'i]	200	**dwieście**	[dviech'tch'è]
40	**czterdzieści**	[tchèrdj'èch'tch'i]	300	**trzysta**	[tjysta]
50	**pięćdziesiąt**	[piintch'dj'èch'ônt]	400	**czterysta**	[tchtèrysta]
60	**sześćdziesiąt**	[chèch'tch'dj'èch'ônt]	500	**pięćset**	[puntch'sèt]
70	**siedemdziesiąt**	[ch'èdèrndj'èch'ônt]	600	**sześćset**	[chèsh'tch'sèt]
80	**osiemdziesiąt**	[och'èmdj'èch'ônt]	700	**siedemset**	[ch'èdèmsèt]
90	**dziewięćdziesiąt**	[dj'èviintch'dj'èch'ônt]	800	**osiemset**	[och'èmsèt]
100	**sto**	[sto]	900	**dziewięćset**	[dj'èviintch'sèt]
			1 000	**tysiąc**	[tych'ônts]

10 000	**dziesięć tysięcy**	[dj'èch'intch tych'intsy]
1 000 000	**milion**	[milion]
2 000 000	**dwa miliony**	[dva miliony]

Liczebniki porządkowe : [litchèbniki pojônkove]

1er	**pierwszy**	[pièrvchy]	11e	**jedenasty**	[ïèdénasty]
2e	**drugi**	[drougi]	12e	**dwunasty**	[dvunasty]
3e	**trzeci**	[tjètch'i]	13e	**trzynasty**	[tjynachnasty]
4e	**czwarty**	[tchvarty]	14e	**czternasty**	[tchèrnasty]
5e	**piąty**	[piônty]	15e	**piętnasty**	[pié tnasty]
6e	**szósty**	[chousty]	16e	**szesnasty**	[chesnaste]
7e	**siódmy**	[ch'oudmy]	17e	**siedemnasty**	[ch'èdemnasty]
8e	**ósmy**	[ousmy]	18e	**osiemnasty**	[och'émnasty]
9e	**dziewiąty**	[dj'èviônty]	19e	**dziewiętnasty**	[dj'èviètnasty]
10e	**dziesiąty**	[dj'èch'ônty]	20e	**dwudziesty**	[dvoudiesty]

Wyrażenia dodatkowe : [vyrajénia dodatkove]

pół	[pouw']
ćwierć	[tch'vièrtch']
jeden i pół/półtora	[ïèdèn i pouw'/pouw'tora]

■ La date :

On indique le jour du mois en disant :
dzisiaj jest ....
dzisiaj mamy ....

Exemples :
1. **Który jest dzisiaj ? Dzisiaj jest 13 marca.** *(Quel jour est-on aujourd'hui ? Aujourd'hui c'est le 13 mars).*
2. **Którego dzisiaj mamy ? Dzisiaj mamy 4 grudnia.** *(Quel jour sommes-nous aujourd'hui ? Aujourd'hui nous sommes le 4 décembre).*

■ L'heure :

On indique l'heure en polonais en disant mot à mot : première, deuxième, troisième heure, etc. :

1^{00}	**pierwsza**	[pièrvcha]
11^{00}	**jedenasta**	[ïèdènasta]
4^{30}	**czwarta trzydzieści**	[tchvarta tjydj'èch'tch'i]
20^{35}	**dwudziesta trzydzieści pięć**	[dvoudj'èsta tjyd'èch'tch'i piintch']
13^{50}	**trzynasta pięćdziesiąt**	[tjynasta piintch'dj'èch'ônt]
12^{15}	**dwunasta piętnaście**	[dvounasta piètnach'tch'è]
14^{45}	**czternasta czterdzieści pięć**	[tchtèmasta tchtèrdj'èch'tch'i piintch']
17^{20}	**siedemnasta dwadzieścia**	[ch'èdèmnasta dvadj'èch'tch'a]
21^{10}	**dwudziesta pierwsza dziesięć**	[dvoudj'èsta pièrvcha dj'èch'intch']

trois heures et demie	**pół do czwartej**	[pouw' do tchvarteï]
six heures et quart	**szósta piętnaście**	[chousta piètnach'tch'è]
onze heures moins le quart	**za piętnaście jedenasta**	[za piètnach'tch'è ïèdènasta]
quelle heure est-il ?	**która jest godzina ?**	[ktoura ïèst godj'ina ?]
à quelle heure ?	**o której godzine ?**	[o ktoureï godj'iny ?]
à trois heures	**o trzeciej**	[o tjètch'eï]
à six heures	**o szóstej**	[o choustei]
à vingt heures	**o dwudziestej**	[o dvoudj'èsteï]

➡ **RETENEZ AUSSI**

midi	**południe**	[pow'oudniè]
minuit	**północ**	[pouw'nots]
matin	**rano**	[rano]
après-midi	**popołudnie**	[popow'oudniè]
soir	**wieczór**	[viètchour]
jour	**dzień**	[djègn]
nuit	**noc**	[nots]

A Comment diriez-vous en français ?

1. **Mój syn ma dwa lata.**
2. **Ich córka ma już piętnaście lat.**
3. **Jego dziadek ma siedemdziesiąt cztery lata.**
4. **Ile to kosztuje ? To kosztuje pięćset pięćdziesiąt złotych. A to kosztuje trzydzieści tysięcy złotych.**
5. **Którego mamy dzisiaj ? Dzisiaj jest osiemnasty lutego.**
6. **Która jest godzina ? Jest dwudziesta piętnaście.**
7. **Ile razy byłaś w Paryżu ? Byłam tam siedem razy.**
8. **Co robisz dziś wieczorem ? Idę na imprezę.**
9. **W południe jem obiad.**
10. **Co rano piję kawę.**

B Comment diriez-vous en polonais ?

1. *Quel jour sommes-nous aujourd'hui ? Aujourd'hui nous sommes le 31 janvier.*
2. *J'ai 18 ans.*
3. *Il a 45 ans.*
4. *Quelle heure est-il ? Il est 22 h 10.*
5. *Aujourd'hui c'est le 5 septembre.*

C Prononcez à haute voix en polonais :

23, 24, 31, 32, 41, 42, 85, 86, 101, 102, 305, 902.

SOLUTIONS

A

1. *Mon fils a deux ans.*
2. *Leur fille a déjà quinze ans.*
3. *Son grand père a soixante-quatorze ans.*
4. *Combien ça coûte ? Cela coûte cent cinquante zlotys. Et cela coûte trente mille zlotys.*
5. *Quel jour sommes-nous aujourd'hui ? Aujourd'hui c'est le 18 février.*
6. *Quelle heure est-il ? Il est 20 h 15.*
7. *Combien de fois es-tu allé à Paris ? J'y suis allé sept fois.*
8. *Qu'est-ce que tu fais ce soir ? Je vais à la soirée.*
9. *À midi je déjeune.*
10. *Chaque matin je bois du café.*

B

1. **Którego dzisiaj mamy ? Dzisiaj mamy trzydziesty pierwszy stycznia.**
2. **Mam osiemnaście lat.**
3. **On ma czterdzieści pięć lat**
4. **Która jest godzina ? Jest dwudziesta druga dziesięć.**
5. **Dzisiaj jest piąty września.**

C

23 = **dwadzieścia trzy**	[dvadj'èch'tch'a tjy]
24 = **dwadzieścia cztery**	[dvadj'èch'tch'a tchtèry]
31 = **trzydzieści jeden**	[tjydj'èch'tch'i ïèdèn]
32 = **trzydzieści dwa**	[tjydj'èch'tch'i dva]
41 = **czterdzieści jeden**	[tchèrdj'èch'tch'i ïèden]
42 = **czterdzieści dwa**	[tchèrdj'èch'tch'i dva]
85 = **osiemdziesiąt pięć**	[och'èmdj'èchônt piintch']
86 = **osiemdziesiąt sześć**	[och'èmdj'èchônt chèch'tch']
101 = **sto jeden**	[sto ïèden]
102 = **sto dwa**	[sto dva]
305 = **trzysta pięć**	[tjysta piintch']
902 = **dziewięćset dwa**	[dj'èviints'sèt dva]

B1 Salutations
Pozdrowienia

(CD)

bonjour	**dzień dobry**	[dj'èn dobry]
salut !	**cześć !**	[tchèch'tch' !]
bonne journée !	**miłego dnia !**	[miw'ègo dnia !]
bonsoir	**dobry wieczór**	[dobry viètchour]
ça va ?	**w porządku ?**	[v pojôndtkou ?]
comment ça va ?	**co słychać ?**	[tso sw'yh'atch' ?]
comment vas-tu ?	**jak się masz ?**	[ïak ch'in mach ?]
comment allez-vous ?	**jak się Pan ma ?**	[ïak ch'in Pan ma ?]
très bien	**bardzo dobrze**	[bardzo dobjè]
merci, tout va bien	**dziękuję, w porządku**	[dj'enkouïin, v pojôndtkou]
comme ci comme ça	**tak sobie**	[tak sobiè]
ça ne va pas	**niedobrze**	[nièdobjè]
bonne nuit	**dobranoc**	[dobranots]
au revoir	**do widzenia**	[do vidzènia]
à bientôt	**do zobaczenia**	[do zobatchènia]
à tout à l'heure	**do zobaczenia wkrótce**	[do zobatchènia vkrouttsè]
à tout de suite	**na razie**	[na raj'è]
as-tu bien dormi ?	**dobrze spałeś ?**	[dobjè spaw'èch' ?]
je vous présente mon frère	**przedstawiam Panu mojego brata**	[pjèdstaviam Panou moyègo] brata]
puis-je vous présenter mon amie	**czy mogę Panu przedstawić moją przyjaciółkę ?**	[tch mogin Panou pjedstavitch' moïôn pjyïatch'ouw'kin ?]
enchanté de faire votre connaissance	**bardzo mi miło**	[bardzo mi miw'o]
bienvenue chez nous !	**witamy u nas !**	[vitamy ou nas]
bon voyage	**szczęśliwej podróży**	[chtchinch'liveï podroujy]
bonne route	**szczęśliwej drogi**	[chtchinch'liveï drogi]
excusez-moi	**przepraszam**	[pjèpracham]
excusez mon retard	**przepraszam za spóznienie**	[pjèpracham za spoujnièniè]
ce n'est rien	**nic nie szkodzi**	[nits niè chkodj'i]
je vous en prie	**proszę bardzo**	[prochin bardzo]

B1 ENTRAÎNEZ-VOUS

A **Que veut dire en français ?**

1. **cześć !**
2. **w porządku ?**
3. **dzień dobry.**
4. **dobranoc.**
5. **co słychać ?**
6. **do zobaczenia.**
7. **tak sobie.**
8. **na razie.**
9. **miłego dnia.**
10. **dobry wieczór.**

B **Répondez aux questions :**

1. **co słychać ?**
2. **w porządku ?**
3. **dobrze spałeś ?**
4. **jak się masz ?**
5. **jak się Pan ma ?**

SOLUTIONS

A

1. *salut !*
2. *ça va ?*
3. *bonjour.*
4. *bonne nuit.*
5. *comment ça va ?*
6. *à bientôt.*
7. *comme ci comme ça.*
8. *à tout de suite.*
9. *bonne journée.*
10. *bonsoir.*

B Par exemple :

1. **dziękuję, w porządku.** *(comment ça va ? merci, tout va bien).*
2. **tak, dziękuję** *(ça va ? oui, merci).*
3. **tak, dobrze, dziękuję.** *(as-tu bien dormi ? oui, bien, merci).*
4. **tak sobie** *(comment vas-tu ? comme ci comme ça).*
5. **bardzo dobrze.** *(comment allez-vous ? très bien).*

Les repas

• Le *petit déjeuner,* **śniadanie**, assez copieux (pain, beurre, confiture et même œuf, fromage, saucisse).

• Le *« deuxième petit déjeuner »*, **drugie śniadanie**, en fin de matinée, ou dans le courant de la journée : un sandwich.

• Le *déjeuner,* **obiad,** principal repas de la journée, en milieu d'après-midi : potage, charcuterie, viande et pommes de terre ou légumes.

B2 Nourriture
Jedzenie

manger	**jeść**	[ïèch'tch']
boire	**pić**	[pitch']
j'ai faim	**jestem głodny/a**	[ïèestèm gw'odny/gw'odna]
j'ai soif	**chce mi się pić**	[h^{r}tsin mi ch'in pitch']
repas	**posiłek**	[poch'iw'èk]
petit déjeuner	**śniadanie**	[ch'niadaniè]
déjeuner	**obiad**	[obiad]
dîner	**kolacja**	[kolatsïa]
viande	**mięso**	[mienso]
jambon	**szynka**	[chynka]
saucisse	**kiełbasa**	[kièw'basa]
légumes	**warzywa/jarzyny**	[vajyva/iajyny]
tomate	**pomidor**	[pomidor]
concombre	**ogórek**	[ogourèk]
carotte	**marchewka**	[marh^{r}èvka]
salade	**sałata**	[saw'ata]
pommes de terre	**kartofle/ziemniaki**	[kartoflè/j'èmniaki]
frites	**frytki**	[frytki]
fruits	**owoce**	[ovotsè]
pomme	**jabłko**	[ïabw'ko]
poire	**gruszka**	[grouchka]
orange	**pomarańcza**	[pomaragntcha]
banane	**banan**	[banan]
pêche	**brzoskwinia**	[bjoskvinia]
huile	**olej**	[olèï]
sel	**sól**	[soul]
poivre	**pieprz**	[pièpj]
moutarde	**musztarda**	[mouchtarda]
pain	**chleb**	[h^{r}lèb]
lait	**mleko**	[mlèko]
beurre	**masło**	[masw'o]
fromage	**ser**	[ser]
fromage blanc	**ser biały**	[sèr biaw'y]
fromage jaune	**ser żółty**	[sèr jouw'ty]
œufs	**jajka**	[ïaïka]
sucre	**cukier**	[tsoukièr]
confitures	**konfitury**	[konfitoury]
eau	**woda**	[voda]
vin	**wino**	[vivo]
bière	**piwo**	[pivo]
café (au lait)	**kawa (z mlekiem)**	[kava (z mlèkièm)]
thé	**herbata**	[h'èrbata]
choucroute	**bigos**	[bigos]
tripes	**flaki**	[flaki]
hareng	**śledź**	[ch'ledj']

B2 ENTRAÎNEZ-VOUS

A **Comment diriez-vous en français ?**

1. **Chcę jeść.**
2. **Jestem głodny.**
3. **Jestem głodna.**
4. **Na śniadanie jem chleb z szynką.**
5. **Proszę o kawę z mlekiem i z cukrem.**

B **Comment diriez-vous en polonais ?**

1. *J'ai soif !*
2. *J'aime les fruits : les pommes, les poires et les pêches.*
3. *Pour le petit déjeuner je mange du pain avec du beurre et des œufs.*
4. *Chaque matin je prends du café au lait.*
5. *Aimez-vous la salade, les tomates et les concombres ?*

SOLUTIONS

A

1. *Je veux manger.*
2. *J'ai faim.*
3. *J'ai faim (féminin).*
4. *Pour le petit déjeuner je mange du pain avec du jambon*
5. *Un café au lait avec du sucre, s'il vous plaît.*

B

1. **Chce mi się pić.**
2. **Lubię owoce : jabłka, gruszki i brzoskwinie.**
3. **Na śniadanie jem chleb z maslem i jajka.**
4. **Każdego ranka piję kawę z mlekiem.**
5. **Czy lubi Pan sałata pomidory i ogórki ?**

Quelques plats typiques
• Soupes : **barszcz**, *soupe aux betteraves rouges*, servie souvent avec des raviolis à la viande ; **krupnik,** *soupe à l'orge*, peut servir de plat unique. • Entrées : **surówka**, *salade de légumes rapés* (choux, carottes, etc.). • Plats principaux : **pierogi z seram**, *piroguis au fromage blanc.* • Desserts : **sernik,** *gâteau au fromage blanc.*

B3 Vêtements
Ubrania

s'habiller	**ubierać się**	[oubièratch' ch'in]
se déshabiller	**rozbierać się**	[rozbièratch' ch'in]
mettre un vêtement	**zakładać ubranie**	[zakw'adatch' oubraniè]
porter un vêtement	**nosić ubranie**	[noch'itch' oubraniè]
essayer un vêtement	**przymierzać ubranie**	[pjymièjatch' oubraniè]
veste	**kurtka**	[kourtka]
manteau	**płaszcz**	[pw'achtch]
chaussures	**buty**	[bouty]
chaussettes	**skarpety**	[skarpèty]
culotte	**majtki**	[maïtki]
caleçon	**kalesony**	[kalèsony]
pantalon	**spodnie**	[spodniè]
poche	**kieszeń**	[kiechèn]
veston	**marynarka**	[marynarka]
complet	**garnitur**	[garnitour]
chemise	**koszula**	[kochoula]
cravatte	**krawat**	[kravat]
chandail	**sweter**	[svètèr]
chemisier	**bluzka**	[blouzka]
jupe	**spódnica**	[spoudnitsa]
robe	**sukienka**	[soukiènka]
mouchoir	**chusteczka**	[h'oustètchka]
ceinture	**pasek**	[pasèk]
écharpe	**szalik**	[chalik]
gants	**rękawiczki**	[renkavitchki]
chapeau	**kapelusz**	[kapèlouch]
casquette	**czapka**	[tchapka]
parapluie	**parasol**	[parasol]
sac	**torba**	[torba]
sac à main	**torebka**	[torèbka]
valise	**walizka**	[valizka]
bijoux	**biżuteria**	[bijoutèria]
bague	**pierścionek**	[pièrch'tch'onèk]
collier	**naszyjnik**	[nachyïnik]
montre	**zegarek**	[zègarèk]
lunettes	**okulary**	[okoulary]
lentilles de contact	**szkła kontaktowe**	[chkw'a kontaktove]
tissu	**tkanina**	[tkanina]
laine	**wełna**	[vèlna]
coton	**bawełna**	[bavèlna]
cuir	**skóra**	[skoura]
élégant	**elegancki**	[èlègantski]
élégante	**elegancka**	[èlègantska]
cher	**drogo**	[drogo]
bon marché	**tanio**	[tanio]

B3 ENTRAÎNEZ-VOUS

A **Comment diriez-vous en polonais ? :**

1. *bague.*
2. *cuir.*
3. *chapeau vert.*
4. *mouchoir blanc.*
5. *s'habiller.*
6. *écharpe rouge.*
7. *robe rose.*
8. *pantalon noir.*
9. *complet.*
10. *sac.*

B **Comment diriez-vous en polonais ?**

1. *Où est ma jupe ?*
2. *Son pantalon est en cuir.*
3. *Est-ce que je peux essayer cette robe ?*
4. *Il est cher, ton costume.*
5. *Cette chemise n'est pas chère, elle est bon marché.*

SOLUTIONS

A

1. **pierścionek.**
2. **skóra.**
3. **zielony kapelusz.**
4. **biała chusteczka.**
5. **ubierać się.**
6. **czerwony szalik.**
7. **różowa sukienka.**
8. **czarne spodnie.**
9. **garnitur.**
10. **torba.**

B

1. **Gdzie jest moja spódnica ?**
2. **Jego spodnie są ze skóry.**
3. **Czy mogę przymierzyć tę sukienkę.**
4. **Twój garnitur jest drogi.**
5. **Ta koszula nie jest droga, ona jest tania.**

Couleurs	**Kolory**	[kolory]
blanc/blanche	**biały/biała**	[biaw'y/biaw'a]
noir/noire	**czarny/czarna**	[tcharny/tcharny]
bleu/bleue	**niebieski/niebieska**	[nièbièski/nièbièska]
rouge/rouge	**czerwony/czerwona**	[tchèrvony/tchèrvona]
jaune/jaune	**żółty/żółta**	[jouw'ty/jouw'ta]
vert/verte	**zielony/zielona**	[j'èlony/jèlona]
brun/brune	**brązowy/brązowa**	[brônzovy/brônzova]
rose/rose	**różowy/różowa**	[roujovy/roujova]

B4 Maison
Dom

appartement	**mieszkanie**	[mièchkaniè]
habiter	**mieszkać**	[mièchkatch']
louer	**wynajmować**	[vynaïmovatch']
centre ville	**centrum miasta**	[tsentroum miasta]
mur	**ściana**	[ch'tch'ana]
fenêtre	**okno**	[akno]
rideaux	**firanki**	[firanki]
porte	**drzwi**	[djvi]
sonner	**dzwonić**	[dzvonitch']
sonnette	**dzwonek**	[dzvonèk]
ouvrir	**otwierać**	[otvièratch']
entrer	**wchodzić**	[vh^{r}odli'itch']
fermer	**zamykać**	[zamykatch']
sortir	**wychodzić**	[vyh^{r}odj'itch]
clé	**klucz**	[kloutch]
escalier	**schody**	[sh^{r}ody]
ascenseur	**winda**	[vinda]
pièce/chambre	**pokój**	[pokouï]
chambre à coucher	**sypialnia**	[sypialnia]
salle à manger	**jadalnia**	[ïadalnia]
salle de bains	**łazienka**	[w'aj'enka]
lavabo	**umywalka**	[oumyvalka]
baignoire	**wanna**	[vanna]
robinet	**kran**	[kran]
W.-C.	**W.C.**	[Wou Tsé]
meubles	**meble**	[mèblè]
table	**stół**	[stouw']
chaise	**krzesło**	[kjèsw'o]
fauteuil	**fotel**	[fotèl]
tapis	**dywan**	[divan]
lit	**łóżko**	[w'oujko]
divan	**kanapa**	[kanapa]
armoire	**szafa**	[chafa]
lampe	**lampa**	[lampa]
cuisine	**kuchnia**	[kouh^{r}nia]
faire la cuisine	**gotować**	[gotovatch']
cuisinière	**kuchenka**	[kouh^{r}enka]
réfrigérateur	**lodówka**	[lodouvka]
casseroles	**garnki**	[garnki]
four à micro-ondes	**kuchenka mikrofalowa**	[kouh^{r}enka mikrofalova]
faire la vaisselle	**zmywać**	[zmyvatch']
faire la lessive	**prać**	[pratch']
machine à laver	**pralka**	[pralka]
repasser	**prasować**	[prasovatch']
fer à repasser	**żelazko**	[jèlazko]

B4 ENTRAÎNEZ-VOUS

A Comment diriez-vous en polonais ?

1. *Dans la salle à manger il y a une table et 4 chaises.*
2. *Je n'aime pas repasser !*
3. *L'ascenseur dans cette maison ne marche pas.*
4. *As-tu fait la vaisselle ce matin ?*
5. *Elle a une grande cuisine avec un réfrigérateur et un four à micro-ondes.*

SOLUTIONS

A
1. **W jadalni znajduje się stół i 4 (cztery) krzesła.**
2. **Nie lubię prasować !**
3. **W tym domu nie chodzi winda.**
4. **Czy pozmywałeś dziś rano ?**
5. **Ona ma dużą kuchnię z lodówką i kuchenką mikrofalową.**

LOGEMENT
•Chez l'habitant : Voir **Noglеci**, **Pokoje**, pour *chambres d'hôtes.* •*Maisons du tourisme,* **Dom Turysty.**

MONNAIE
En attendant un passage *à* l'*euro*, la monnaie polonaise est le **zloty** ; divisé en 100 **groszy (gr.)**, le **zloty** vaut environ 0,22 € / 0,23 €.

table	**stół**	[stouw']
chaise	**krzesło**	[kjèsw'o]
assiette	**talerz**	[talèj]
verre	**szklanka**	[chklanka]
fourchette	**widelec**	[vidèlèts]
couteau	**nóż**	[nouj]
cuiller	**łyżka**	[w'yjka]
serviette	**serwetka**	[sèrvètka]
bouteille	**butelka**	[boutètka]
menu	**menu**	[mènou]
plat	**danie**	[daniè]
manger	**jeść**	[ïèch'tch']
hors-d'œuvre	**przystawka**	[pjystavka]
soupe	**zupa**	[zoupa]
soupe de tomates	**zupa pomidorowa**	[zoupa pomidorowa]
soupe de concombres	**zupa ogórkowa**	[zoupa ogourkova]
bouillon	**rosół**	[rosouw']
bouillon de légumes	**zupa jarzynowa**	[zoupa jajynowa]
viande	**mięso**	[mienso]
rôti	**pieczeń**	[piètchègn]
rôti de veau	**pieczeń cielęca**	[piètchègn tch'èlentsa]
filet de porc	**schab**	[sh[r]rab]
viande de bœuf	**wołowina**	[vow'ovina]
steak saignant	**stek krwisty**	[stèk krvisty]
steak bien cuit	**stek dobtze usmażony**	[stèk dobjè ousmajony]
dessert	**deser**	[dèsèr]
addition	**rachunek**	[rah[r]ounèk]
payer	**płacić**	[pw'atch'itch']
pourboire	**napiwek**	[napivèk]
carte de crédit	**karta kredytowa**	[karta krèdytowa]
chèque	**czek**	[tchèk]
commander	**zamawiać**	[zamaviatch']
servir	**podawać**	[podavatch']
salle de bains	**łazienka**	[waj'ènka]
douche	**prysznic**	[prychnits]
eau chaude	**woda ciepła**	[voda tch'èpw'a]
eau froide	**woda zimna**	[voda j'imna]
savon	**mydło**	[mydw'o]
serviette	**ręcznik**	[rentchnik]
marcher	**działać**	[dj'awatch']
ça ne marche pas	**to nie działa**	[to niè dj'aw'a]
payer d'avance	**płacić z góry**	[pw'atch'itch' z goury]

B5 ENTRAÎNEZ-VOUS

[A] **Comment diriez-vous en polonais ? :**

1. **Lubię zupę pomidorową z ziemniakami.**
2. **Proszę o rachunek !**
3. **W hotelu są pokoje dwuosobowe z łazienkami.**
4. **Czy jest ciepła woda ?**
5. **Chcę zjeść rosół, krwisty stek i deser.**
6. **Nie lubię wołowiny.**
7. **W łazience jest mydło i ręcznik.**
8. **On płaci kartą kredytową.**
9. **Chcę zarezerwować pokój dwuosobowy.**
10. **To nie działa !**

[B] **Comment diriez-vous en polonais ?**

1. *J'aime bien le bouillon avec des pommes de terre.*
2. *Je veux réserver une chambre double avec salle de bains.*
3. *Il n'a pas d'eau chaude ?*
4. *Je n'aime pas payer d'avance.*
5. *Aimes-tu la viande de bœuf ?*

SOLUTIONS

[A]
1. *J'aime la soupe de tomates avec des pommes de terre.*
2. *L'addition, s'il vous plaît !*
3. *Dans cet hôtel il y a des chambres doubles avec des salles de bains.*
4. *Est-ce qu'il y a de l'eau chaude ?*
5. *Je veux manger un bouillon, un steak saignant et un dessert.*
6. *Je n'aime pas la viande de bœuf.*
7. *Dans la salle de bains il y a du savon et une serviette.*
8. *Il paye par carte de crédit.*
9. *Je veux réserver une chambre double.*
10. *Ça ne marche pas !*

[B]
1. **Lubię rosół z ziemniakami.**
2. **Chcą zarezerwować pokój dwuosobowy z tazienką.**
3. **Nie ma ciepłej wody ?**
4. **Nie lubię płacić z góry.**
5. **Czy lubisz wołowinę ?**

réception	**recepcja**	[rètsèptsïa]
réserver	**rezerwowaé**	[rèzèrvovatch']
chambre	**pokój**	[pokouï]
chambre simple	**pokój jednoosobowy**	[pokouï ïèdnoosobovy]
chambre double	**pokój dwuosobowy**	[pokouï dvouosobovy]
chambre pour la nuit	**pokój na noc**	[pokouï na nots]

Voyage / Moyens de transport
Podróż / Środki transportu

voyager	**podróżować**	[podroujovatch']
voyage	**podróż**	[podrouj]
voiture	**samochód**	[samoh`roud]
en voiture	**samochodem**	[samoh'odèm]
tomber en panne	**mieć awarię**	[mìètch' avarien]
se garer	**zaparkować się**	[zaparkovatch' ch'in]
c'est difficile de se garer	**trudno jest się zaparkować**	[troudno ïèst ch'in zaparkowatch']
c'est facile de se garer	**łatwo jest się zaparkować**	[w'atvo ïèst ch'in zaparkovatch']
taxi	**taksówka**	[taksouvka]
prendre le taxi	**brać taksówkę**	[bratch' taksouvkin]
autobus/bus	**autobus**	[aoutobous]
en bus	**autobusem**	[aoutobousèm]
car	**autokar**	[aoutokar]
en car	**autokarem**	[aoutokarèm]
tramway	**tramway**	[tramvaï]
en tramway	**tramwajem**	[tramvaièm]
ticket	**bilet**	[bilèt]
chemin de fer	**kolej**	[koleï]
train	**pociąg**	[potch'ông]
en train	**pociągiem**	[potch'ôngièm]
omnibus	**pociąg osobowy**	[potch'ông osobovy]
express	**ekspres**	[èksprès]
gare	**dworzec**	[dvojèts]
à la gare	**na dworzec**	[na dvojèts]
acheter un ticket	**kupować bilet**	[koupovatch' bilèt]
prix du ticket	**cena biletu**	[tsèna bilètou]
le prix s'élève à	**cena wynosi**	[tsèna vynoch ï]
première classe	**pierwsza klasa**	[pièrvcha klasa]
deuxième classe	**druga klasa**	[drouga klasa]
place libre	**wolne miejsce**	[voine mièïstsè]
réservation	**rezerwacja**	[rèzervatsïa]
wagon	**wagon**	[vagon]
wagon-lit	**wagon sypialny**	[vagon sypialny]
wagon-restaurant	**wagon restauracyjny**	[vagon rèstaouratsyïny]
horaire	**rozkład**	[rozkw'ad]
bateau	**statek**	[statèk]
en bateau	**statkiem**	[statkièm]
l'aéroport	**lotnisko**	[lotnisko]
avion	**samolot**	[samolot]
en avion	**samolotem**	[samolotèm]
aller à l'aéroport	**jechać na lotnisko**	[ïèh'atch' na lotnisko]
bicyclette	**rower**	[rovèr]
à bicyclette	**rowerem**	[rovèrèm]

B6 ENTRAÎNEZ-VOUS

A **Comment diriez-vous en polonais ?**

1. *car.*
2. *bateau.*
3. *train.*
4. *voiture.*
5. *en avion.*
6. *voyage.*
7. *tramway.*
8. *gare.*
9. *aéroport.*
10. *se garer.*

B **Quelles phrases pouvez-vous faire en polonais avec les mots suivants ?**

1. *avion.*
2. *tramway.*
3. *se garer.*
4. *ticket.*
5. *train.*

SOLUTIONS

A
1. **autokar.**
2. **statek.**
3. **pociąg.**
4. **samochód.**
5. **samolotem.**
6. **podróż.**
7. **tramwaj.**
8. **dworzec.**
9. **lotnisko.**
10. **parkować się.**

B
1. **Nie lubię podróżować samolotem** *(je n'aime pas voyager en avion).*
2. **Tramwaje nie chodzą.** *(les tramways ne marchent pas).*
3. **Trudno jest się zaparkować centrum Warszawy.** *(c'est difficile de se garer au centre de Varsovie).*
4. **Gdzie mogę kupić bilet ?** *(où est-ce que je peux acheter le ticket ?)*
5. **Pociąg jest spóźniony.** *(le train est en retard).*

LE TRAIN

- *express,* **pociag pośpieszny,** réservation obligatoire.
- *omnibus,* **pociągs osobowys,** très lents.
- **intercity** : de ville à ville *(Varsovie-Cracovie).*
- **Polrail Pass** : nombre illimité de trajets.

B7 Téléphone
Telefon

avez-vous le téléphone ?	**czy ma Pan telefon ?**	[tchy ma Pan tèlèfon ?]
quel est votre numéro ?	**jaki jest Pana numer ?**	[ïaki ïèst Pana noumèr ?]
mon numéro est le 32 76 25	**mój numer to trzydzieści dwa-siedemdziesiąt sześć-dwadzieścia pięć**	[mouy noumèr to tjydj'èch'tch'i dva ch'èdèmdj'èch'ônt chèch'tch' dvadj'èch'tch pientch']
le téléphone sonne	**telefon dzwoni**	[tèlèfon dzvoni]
quand puis-je vous appeler ?	**kiedy mogę do Pana zadzwonić ?**	[kièdy mogin do Pana zadzvonitch' ?]
passez-moi un coup de fil	**proszę do mnie zadzwonić**	[prochin do mniè zadzvonitch']
où est l'annuaire ?	**gdzie jest kisążka telefoniczna ?**	[gdj'è ïèst kch'ônjka tèlèfonitchna ?]
allô, ici Jan Kowalski	**halo, mówi Jan Kowalski**	[h'alo, mouvi Yan Kovalski]
qui demandez-vous ?	**z kim chce Pan rozmawiać ?**	[z kim h^rtsè Pan rozmaviatch' ?] (m. à m. : avec qui voulez-vous parler ?)
qui est à l'appareil ?	**kto mówi ?**	[kto mouvi ?] (m. à m. : qui parle ?)
c'est de la part de qui ?	**kto dzwoni ?**	[kto dzvoni ?] (m. à mot : qui téléphone ?)
passez-moi M. Kowalski SVP	**chciałbym mówić z Panem Kowalskim**	[h'tch'aw'bym mouvitch' z Panem Kovalskim]
je vous le passe	**zaraz łączę**	[zaraz w'ôntchin]
vous vous êtes trompé de numéro	**pomylił Pan numer**	[pomiliw' Pan noumèr]
ne quittez pas	**proszę chwilę zaczekać**	[prochin h'vilè zatchékatch']
poste 323	**wewnętrzny trzysta dwadzieścia trzy**	[vèvnentjny tjysta dwadj'èch'tch'a tjy]
pouvez-vous rappeler plus tard ?	**czy może Pan zadzwonić później ?**	[tchy mojè Pan zadzvonitch' poujnièï]
la ligne est occupée	**linia lest zajęta**	[lima ïèst zaïènta]
raccrochez !	**proszę się rozłączyć !**	[prochin ch'in rozw'ôntchytch' !]
cabine téléphonique	**kabina telefoniczna**	[kabina tèlèfonitchna]
jeton	**żeton**	[jèton]
jeton A (pour téléphoner en ville)	**żeton A (dla rozmów miejskich)**	[jèton A] [dla rozmouf mieïskih^r]
jeton C (pour l'interurbain)	**żeton C (dla rozmów zamiejscowych)**	[jèton C] [dla rozmouf zamieïstsovyh^r]
où est-ce que je peux acheter des jetons ?	**gdzie mogę kupić żetony ?**	[gdj'è mogin koupitch' jètony ?]
transmettre un message	**przekazać wiadomość**	[pjèkazatch' viadomoch'tch']
annuler un rendez-vous	**odwołać spotkanie**	[odvow'atch' spotkaniè]
le message est enregistré	**wiadomość jest nagrana**	[viadomoch'tch' ïèst nagrana]
laisser un message	**zostawić wiadomość**	[zostavitch' viadomoch'tch']

B7 ENTRAÎNEZ-VOUS

A **Comment diriez-vous en polonais ?**

1. *Pouvez-vous me donner votre numéro de téléphone ?*
2. *Ici M. Kowalski, passez-moi votre directeur.*
3. *Est-ce que la secrétaire t'a laissé un message ?*
4. *Ne quittez pas, je vous passe M. Kowalski.*
5. *Où est-ce que je peux acheter des jetons A ?*
6. *As-tu le téléphone ?*
7. *Allô, qui demandez-vous ?*
8. *La ligne est occupée, pouvez-vous téléphoner plus tard ?*
9. *L'annuaire est dans la cabine téléphonique.*
10. *Qui est à l'appareil ?*

SOLUTIONS

A

1. **Czy może Pan dać mi swój numer telefonu ?**
2. **Mówi Kowałski, chciałbym rozmawać z dyrektorem.**
3. **Czy sekretarka zostawićła Ci wiadomość ?**
4. **Proszę chwilę zaczekać, łączę Pana z Panem Kowalskim.**
5. **Gdzie mogę kupić żetony A ?**
6. **Masz telefon ?**
7. **Halo, z kim chce Pan mówić ?**
8. **Linia jest zajęta, czy może Pan zatelefonować pózniej ?**
9. **Książka telefoniczna jest w kabinie telefonicznej.**
10. **Kto mówi ?**

POUR TÉLÉPHONER
• de France à Pologne : 00 + 48 + indicatif ville (sans le 0 initial). • de Pologne à France : 00 + 33 + numéro (sans le 0 initial). • Quelques indicatifs : • **Cracovie** : (0)12 • **Varsovie** : (0)22 • **Lodz** : (0)42 • **Gdansk** : (0)58.

B8 Rue/Ville
Ulica/Miasto

maison	**dom**	[dom]
appartement	**mieszkanie**	[mièchkaniè]
bâtiment	**budynek**	[boudynèk]
adresse	**adres**	[adrès]
rond-point	**rondo**	[rondo]
rue	**ulica**	[oulitsa]
avenue	**aleja**	[alèïa]
route	**droga**	[droga]
autoroute	**autostrada**	[aoutostrada]
centre	**centrum**	[tsentroum]
quartier	**dzielnica**	[dj'èlnitsa]
banlieue	**przedmieście**	[pjèdmièch'tch'è]
école	**szkoła**	[chkow'a]
poste	**poczta**	[potchta]
où est la poste ?	**gdzie jest poczta ?**	[gdj'è ïèst potchta ?]
gare	**dworzec**	[dvojèts]
commissariat	**komisariat**	[komisariat]
police	**policja**	[politsïa]
bureau de tourisme	**biuro turystyczne**	[biouro tourystytchne]
demander des renseignements	**zasięgać informacji**	[zach'engatch' informatsïi]
parc	**park**	[park]
circulation de voitures	**ruch samochodowy**	[rouh^r samoh^{r}odovy]
embouteillage	**korek**	[korèk]
bus	**autobus**	[aoutobous]
arrêt de bus	**przystanek autobusowy**	[pjystanèk aoutobousovy]
piéton	**pieszy**	[pièchy]
passage clouté	**przejście**	[pjèïch'tch'è]
passage souterrain	**przejście podziemne**	[pjèïch'tch'è podj'èmnè]
trottoir	**chodnik**	[h^{r}odnik]
escalier mécanique	**schody ruchome**	[sh^{r}ody rouh^{r}ome]
sens unique	**jeden kierunek ruchu**	[ïèden kièrounèk rouh^{r}ou]
travaux	**roboty**	[roboty]
traverser	**przechodzić**	[pjèh^{r}odj'itch']
traverser la rue	**przechodzić przez jezdnię**	[pjèh^{r}odj'itch' pjèz ïèzdniè]
accident de voiture	**wypadek samochodowy**	[vypadèk samoh^{r}odovy]
agent de police	**policjant**	[politsïant]
amende	**mandat**	[mandat]
être perdu	**zgubić się**	[zgoubitch' ch'in]
aller à pied	**iść piechotą**	[ich^{r}tch' pieh^{r}otnn]
prendre le bus	**jechać autobusem**	[ïèh^{r}atch' aoutobousèm]
prendre le tramway	**jechać tramwajem**	[ïèh^{r}atch' tramvaïèm]
prendre le taxi	**jechać taksówką**	[ïèh^{r}atch' taksouvkôn]
arrêt interdit	**zakaz postoju**	[zakaz postoïou]

B8 ENTRAÎNEZ-VOUS

A **Comment diriez-vous en polonais ?**

1. *Où est la gare ?*
2. *Est-ce qu'on peut y aller ou faut-il prendre le bus ?*
3. *Est-ce que je peux me garer ici ?*
4. *Je veux aller à la poste.*
5. *Les tramways ne marchent pas, vous devez prendre le bus.*
6. *Où se trouve le passage souterrain ?*
7. *Voici mon adresse.*
8. *Allez tout droit jusqu'aux feux.*
9. *J'attends le bus.*
10. *Pour aller au commissariat, tournez à droite.*

SOLUTIONS

A

1. **Gdzie jest dworzec ?**
2. **Czy można tam dojść piechotą, czy trzeba jechać autobusem ?**
3. **Czy mogę tu zaparkować ?**
4. **Chcę iść na pocztę.**
5. **Tramwaje nie chodzą, musi Pan pojechać autobusem.**
6. **Gdzie jest przejście podziemne ?**
7. **Oto mój adres.**
8. **Proszę iść prosto aż do świateł.**
9. **Czekam na autobus.**
10. **Aby dojść do komisariatu, musi Pan skręcić w prawo.**

feux	**światła**	[ch'viatw'a]
vert	**zielone**	[j'èlone]
orange	**żółte**	[jouw'te]
rouge	**czerwone**	[-tchèrvone]
tourner	**skręcać**	[skrentsatch']
à droite	**w prawo**	[v pravo]
à gauche	**w lewo**	[v lèvo]
aller tout droit	**iść prosto**	[ich'tch' prosto]
dans quel sens ?	**w jakim kierunku ?**	[m ïakim kièrounkou ?]

B9 Campagne/Route
Wieś/Droga

partir	**wyjeżdżać**	[vyïèjdjatch']
le week-end	**week end**	[w'ik-end]
partir en week-end	**wyjeżdżać na week end**	[vyïèjdjatch' na w'ik-end]
se reposer	**odpoczywać**	[odpotchyvatch']
autoroute	**autostrada**	[aoutostrada]
route nationale	**droga szybkiego ruchu**	[droga chybkiègo rouh'ou]
un chemin	**droga**	[droga]
chemin vicinal	**polna droga**	[polna droga]
un feu	**ognisko**	[ognisko]
faire un feu	**rozpalić ognisko**	[rospalitch' ognisko]
une forêt	**las**	[las]
un arbre	**drzewo**	[djèvo]
une rivière	**rzeka**	[jèka]
au bord d'une rivière	**nad rzeką**	[nad jèkôn]
un lac	**jezioro**	[ïèj'oro]
au bord d'un lac	**nad jeziorem**	[nad ïèj'orèm]
une maison à la campagne	**dom na wsi**	[dom na vch'i]
une cheminée	**kominek**	[kominèk]
des champs	**pola**	[pola]
des animaux	**zwierzęta**	[zvièjenta]
une poule	**kura**	[koura]
un canard	**kaczka**	[katchka]
un coq	**kogut**	[kogout]
une vache	**krowa**	[krova]
un cochon	**świnia**	[ch'vinia]
un cheval	**koń**	[kogn]
un chien	**pies**	[piès]
un chat	**kot**	[kot]
une ferme	**farma**	[farma]
un village	**wieś**	[vièch']
une petite ville	**miasteczko**	[miastètchko]

pêcher	**łowić ryby**	[w'ovitch' ryby]
chasser	**polować**	[polovatch']
faire une promenade	**spacerować**	[spatsèrovatch']
monter à cheval	**jeździć konno**	[ïèjdj'itch' konno]
se faire bronzer	**opalać się**	[opalatch' ch'in]
l'air pur	**świeże powietrze**	[ch'vièjè povièt jè]

ENTRAÎNEZ-VOUS

A Comment diriez-vous en polonais ?

1. *Aimes-tu partir pour le week-end ?*
2. *Il a une maison à la campagne avec une cheminée.*
3. *Elle aime les animaux.*
4. *Ils sont partis dans une forêt au bord d'un grand lac.*
5. *Il a fait un feu au bord de la rivière.*

B Comment diriez-vous en français ?

1. **wyjeżdżać.**
2. **las.**
3. **pola.**
4. **koń.**
5. **dom.**
6. **wieś.**
7. **jezioro.**
8. **kura.**
9. **polna droga.**
10. **kominek.**

SOLUTIONS

A
1. **Czy lubisz wyjeżdżać na week end ?**
2. **On ma na wsi dom z kominkiem.**
3. **Ona lubi zwierzęta.**
4. **Oni wyjechali do lasu nad duże jezioro.**
5. **On rozpalit ognisko nad rzeką.**

B
1. *partir.*
2. *une forêt.*
3. *des champs.*
4. *un cheval.*
5. *une maison.*
6. *la campagne.*
7. *un lac.*
8. *une poule.*
9. *un chemin vicinal.*
10. *une cheminée.*

QUELQUES ADRESSES UTILES

- *Office national polonais de tourisme* : 9 rue de la Paix, 75002 Paris. Tél. : 01 42 44 19 00 - Fax : 01 42 97 52 29.
- *Librairie polonaise* : 123 bd Saint-Germain 75006 Paris. Tél. : 01 43 26 04 42 – *Fax* : 01 40 51 08 82.
- *Ambassade de Pologne en France* : 1 rue de Talleyrand, 75343 Paris Cedex 07. Tél. : 01 43 17 34 00.
- *Ambassade de France à Varsovie* : Tél. : (22) 529 30 00.

B10 Courses
Zakupy

faire les courses	**robić zakupy**	[robitch' zakoupy]
magasin	**sklep**	[sklèp]
magasin fermé	**sklep zamknięty/ nieczynny**	[sklèp zamknienty/ niètchynny]
magasin ouvert	**sklep otwarty/czynny**	[sklèp otvarty/tchynny]
épicerie	**sklep spożywczy**	[sklèp spojyvtchy]
articles alimentaires	**artykuły spożywcze**	[artykouw'y spojyvtchy]
boucherie	**sklep mięsny**	[sklèp miènsny]
charcuterie	**sklep z wędlinami**	[sklèp z vèndlinami]
vendeur	**sprzedawca**	[spièdavtsa]
vendeuse	**sprzedawczyni**	[spjèdavtchyni]
que désirez-vous ?	**czego Pan sobie życzy ?**	[tchègo Pan sobiè jytchy ?]
acheter	**kupować**	[koupowatch']
vendre	**sprzedawać**	[spjèdavatch']
soldes	**obniżka cen**	[obnijka tsèn]
prix	**cena**	[tsèna]
à quel prix ?	**po jakiej cenie ?**	[po ïakièï cèniè ?]
combien ça coûte ?	**ile to kosztuje ?**	[ilè to kochtouyè ?]
c'est cher !	**to jest drogie !**	[to ïest drogiè]
c'est bon marché	**to jest tanie**	[to ïèst taniè]
je n'ai pas d'argent	**nie mam pieniędzy**	[nie mam piènièndzy]
l'argent liquide	**gotówka**	[gotouvka]
chèque	**czek**	[tchèk]
payer par chèque	**płacić czekiem**	[pw'atch'itch' tchèkièm]
carte bancaire	**karta kredytowa**	[karta krèditova]
avez-vous de la monnaie ?	**ma Pan drobne ?**	[ma Pan drobnè ?]
payer	**płacić**	[pw'atch'ich']
caisse	**kasa**	[kasa]
caissière	**kasjerka**	[kasïèrka]
caissier	**kasjer**	[kasïèr]
bonne affaire	**dobry interes**	[dobry intèrès]
ça coûte 120 000 zlotys	**to kosztuje sto dwadzieścia tysięcy złotych**	[to kochtouïè sto dvadj'èch'tch'a tych'entsy zw'otyh']
inflation	**inflacja**	[inflatsïa]
c'est trop cher	**to jest za drogie**	[to ïèst za drogiè]
je dois réfléchir	**muszę się zastanowić**	[mouchin ch'in zastanovitch]
je reviendrai plus tard	**wróce później**	[vroutsin poujnièï]

B10 ENTRAÎNEZ-VOUS

A **Comment diriez-vous en polonais ?**

1. *Je fais les courses à l'épicerie.*
2. *J'aime acheter des articles alimentaires.*
3. *La caissière demande : « Avez-vous de la monnaie ? »*
4. *J'ai acheté dans ce magasin une jolie robe.*
5. *Il n'achète rien, parce qu'il n'a pas d'argent.*
6. *Combien ça coûte ?*
7. *Elle veut acheter du pain et du lait.*
8. *Hier j'ai fait une bonne affaire.*
9. *Ici il y a une grande inflation.*
10. *C'est le 15 août, le magasin est fermé.*

B **Compléter les phrases suivantes ?**

1. **Poszłam do........, żeby .... artykuly........**
2. **On zrobit wczoraj........ interes.**
3. **Ile to........ ?**
4. **Kasjerka nie ma........**
5. **........ zapytał : czego Pan sobie........ ?**

SOLUTIONS

A

1. **Robię zakupy w sklepie spożywczym.**
2. **Lubię kupować artykuly spożywcze.**
3. **Kasjerka pyta : « Czy ma Pan drobne ? »**
4. **Kupiłam w tym sklepie ladną sukienkę.**
5. **On nic nie kupuje, ponieważ nie ma pieniędzy.**
6. **Ile to kosztuje ?**
7. **Ona chce kupić chleb i mleko.**
8. **Zrobiłém wczoraj dobry interes.**
9. **Tu jest duża inflacja.**
10. **Jest 15 sierpnia, sklep jest zamknięty**

B 1. **sklepu, kupić, spożywcze.** 2. **dobry.** 3. **kosztuje.** 4. **drobnych.** 5. **sprzedawca, życzy.**

1. *Je suis allée à l'épicerie pour acheter des denrées alimentaires.*
2. *Il a fait hier une bonne affaire.*
3. *Combien ça coûte ?*
4. *La caissière n'a pas de monnaie.*
5. *Le vendeur a demandé : que désirez-vous ?*

est-ce que je peux échanger cette robe ?	**czy mogę wymienić tę sukienkę ?**	[tchy mogin vymiènitch' tin soukiènkin ?]
elle est trop petite	**ona jest za mała**	[ona ïest za maw'a]
quelles tailles avez-vous ?	**jakie macie rozmiary ?**	[ïakiè match'è rozmiary ?]
avez-vous des tailles plus grandes ?	**czy macie większe rozmiary ?**	[tchy match'è viènkchè rozmiary ?]
avez-vous des tailles plus petites ?	**czy macie mniejsze rozmiary ?**	[tchy match'è mnièïchè rozmiary ?]

B11 Temps
Pogoda

ciel	**niebo**	[nièbo]
nuage	**chmura**	[hʳmoura]
soleil	**słońce**	[sw'ogntsè]
vent	**wiatr**	[viatr]
pluie	**deszcz**	[dechtch]
orage	**burza**	[bouja]
neige	**śnieg**	[ch'nièg]
grêle	**grad**	[grad]
brouillard	**mgła**	[mgw'a]
clair	**jasny**	[ïasny]
ensoleillé	**słoneczny**	[sw'onètchny]
pluvieux	**deszczowy**	[dechtchovy]
nuageux	**pochmurny**	[pohʳmourny]
jour	**dzień**	[dj'ègn]
nuit	**noc**	[nots]
sec	**suchy**	[souhʳy]
humide	**mokry**	[mokry]
froid	**zimny**	[j'imny]
chaud	**ciepły**	[tch'èpw'y]
inondation	**powódź**	[povoudj']
sécheresse	**susza**	[soucha]
canicule	**upał**	[oupaw']
le soleil brille	**słońce świeci**	[sw'ontsè ch'viètch'i]
le vent souffle	**wieje wiatr**	[vièiè viatr]
il pleut	**pada deszcz**	[pada dèchtch]
il pleut à verse	**leje**	[lèïè]
il neige	**pada śnieg**	[pada ch'nièg]
il gèle	**Iest mróz**	[ïèst mrouz]
il fait beau	**jest ładnie**	[ïèst w'adniè]
il fait chaud	**jest ciepło**	[ksi tch'èpw'o]
il fait très chaud	**jest bardzo ciepło**	[ïèst bardzo tch'èpw'o]
il fait mauvais temps	**jest brzydka pogoda**	[ïèst bjydka pogoda]
il fait froid	**jest zimno**	[ïèst j'imno]
quel temps fait-il?	**jaka jest pogoda ?**	[iaka ïèst pogoda ?]

B11 ENTRAÎNEZ-VOUS

A **Comment diriez-vous en polonais ?**

1. *En été il fait chaud et le soleil brille.*
2. *J'aime quand il neige et qu'il gèle.*
3. *Il n'aime pas les jours humides quand il pleut et qu'il y a du vent.*
4. *Préfères-tu l'été ou le printemps ?*
5. *Elle aime les jours clairs et ensoleillés.*
6. *En hiver il gèle et il neige.*
7. *Quel temps fait-il au printemps ?*
8. *Je n'aime pas la canicule.*
9. *Aujourd'hui il pleut à verse et il fait froid.*
10. *En été le ciel est clair et il fait beau.*

SOLUTIONS

A

1. **Latem jest ciepło i świeci słońce.**
2. **Lubię kiedy pada śnieg i jest mróz.**
3. **On nie lubi mokrych dni, kiedy pada deszcz i jest wiatr.**
4. **Wolisz lato czy wiosnę ?**
5. **Ona lubi jasnè i słoneczne dnie.**
6. **W zimie jest mróz i pada śnieg.**
7. **Jaka pogoda jest wiosną ?**
8. **Nie lubię upału.**
9. **Dzisiaj leje i jest zimno.**
10. **Latem niebo jest jasne i jest ladnie.**

printemps	**wiosna**	[viosna]
au printemps	**wiosną/na viosnę**	[viosnôn/na viosnen]
été	**lato**	[lato]
en été	**w lecie/latem**	[v lètch'è/latèm]
automne	**jesień**	[ièch'ègn]
en automne	**jesieną/na jesieni**	[ïèch'énion/na ïèch'èni]
hiver	**zima**	[j'ima]
en hiver	**w zimie/zimą**	[v j'imiè/j'imôn]

B12 Famille / Rodzina

nom	**nazwisko**	[nazvisko]
prénom	**imię**	[imièn]
parents	**rodzice**	[rodj'itsè]
père/papa	**ojciec/tata**	[oïtch'èts/tata]
mère/maman	**matka/mama**	[matka/mama]
mari/femme	**mąż/żona**	[mônj/jona]
enfant	**dziecko**	[dj'ètsko]
enfants	**dzieci**	[dj'ètch'i]
garçon/fille	**chłopiec/dziewczynka**	[h'opièts/dj'èvtchyka]
fils/fille	**syn/córka**	[syn/tsourka]
frère/sœur	**brat/siostra**	[brat/ch'ostra]
grands-parents	**dziadkowie**	[dj'adkoviè]
grand-mère/grand-père	**dziadek/babcia**	[dj'adèk/babtch'a]
petit-fils/petite-fille	**wnuczek/wnuczka**	[vnoutchèk/vnoutchka]
oncle/tante	**wujek/ciotka**	[vouièk/tch'otka]
neveu	**bratanek/siostrzeniec**	[bratanèk/ch'ostjènièts]
nièce	**bratanica/siostrzenica**	[bratanitsa/ch'ostjènitsa]
cousin/cousine	**kuzyn/kuzynka**	[kouzyn/kouzynka]
je suis né le	**urodziłem/łam się**	[ourodziw'em/w'am ch'in]
bébé	**niemowlę**	[nièmouvlin]
adolescent	**młodzieniec**	[mw'odj'ènièts]
adulte	**dorosły/a**	[dorosw'y/a]
célibataire	**kawaler/panna**	[kavalèr/panna]
se fiancer	**zaręczyć się**	[zarèntchytch' ch'in]
fiancé/e	**narzeczony/a**	[najètchony/a]
se marier	**ożenić się/wyść za mąż**	[ojènitch' ch'in/ vyich'tch' za mônj]
divorcer	**rozwieść się**	[rozvièch'tch' ch'in]
divorce	**rozwód**	[rozvoud]
divorcé/e	**rozwiedziony/a**	[rozvièdj'ony/a]
vieillir	**starzeć się**	[stajets ch'in]
jeune	**młody/a**	[mw'ody/a]
vieux/vieille	**stary/a**	[stary/a]
mourir	**umierać**	[oumièratch']
veuf/veuve	**wdowiec/wdowa**	[vdovièts/vdova]

B12 ENTRAÎNEZ-VOUS

A Comment diriez-vous en polonais ?

1. *Il a des frères et des sœurs.*
2. *Je suis né en 1960.*
3. *Ils ont 3 enfants.*
4. *Sa femme travaille au bureau.*
5. *Elle s'est mariée en 1980.*
6. *Quel âge a votre fils ?*
7. *Mes grands-parents habitent en Pologne, à Varsovie.*
8. *Ils ont divorcé il y a 3 ans.*
9. *Sa mère est très jeune.*
10. *Est-ce que ton père a une sœur ?*

B Comment diriez-vous en français ?

1. **On ma 18 (osiemnaście) lat, on jest dorosły.**
2. **Moja kuzynka urodziła się w Warszawie.**
3. **Jej narzeczony ma 24 (dwadzieścia cztery) lata.**
4. **Ona jest już stara.**
5. **Mój dziadek jest wdowcem.**

SOLUTIONS

A

1. **On ma braci i siostry.**
2. **Urodziłem się w 1960 (tysiąc dziewięćset sześćdziesiątym) roku.**
3. **Oni mają troje (3) dzieci.**
4. **Jego żona pracuje w biurze.**
5. **Ona wyszła za mąż w 1980 (tysiąc dziewięćset osiemdziesiątym) roku.**
6. **Ile lat ma wasz syn ?**
7. **Moi dziadkowie mieszkają w Polsce, w Warszawie.**
8. **Oni rozwiedli się 3 (trzy) lata temu.**
9. **Jego mama jest bardzo młoda.**
10. **Czy twój tata ma siostrę ?**

B

1. *Il a 18 ans, il est adulte.*
2. *Ma cousine est née à Varsovie.*
3. *Son fiancé a 24 ans.*
4. *Elle est déjà vieille.*
5. *Mon grand-père est veuf.*

Remarques :

1. Le polonais distingue les neveux et nièces par la sœur **(siostrzeniec, siostrzenica)** et par le frère **(bratanek, bratanica)** ; de même « se marier » se dit différemment pour une femme **(wyjść za mąż)** et un homme **(ożenić się).** D'une façon générale, le vocabulaire familial est plus riche et plus précis en polonais qu'en français.
2. Les enfants polonais appellent souvent « oncle » et « tante » **(wujek/ciotka)** des amis de leurs parents, même sans aucun lien de parenté.

B13 Congé / Sport
Urlop / Sport

les vacances	**wakacje**	[vakatsïè]
rester à la maison	**zostać w domu**	[zostatch' v domou]
partir pour les vacances	**wyjeżdżać na wakacje**	[vyïèjdjatch' na vakatsïè]
quand partez-vous ?	**kiedy wyjeżdżacie ?**	[kièdy vyïèjdjatch'è ?]
en juillet	**w lipcu**	[v liptsou]
où partez-vous ?	**gdzie wyjeżdżacie ?**	[gdj'è vyïèjdjatch'è ?]
au bord de la rivière	**nad rzeka**	[nad jèka]
dans les montagnes	**w góry**	[v goury]
au bord de la mer	**nad morze**	[nad mojè]
la plage	**plaża**	[plaja]
le sable	**piasek**	[piasèk]
nager	**pływać**	[pw'yvatch']
se baigner	**kąpać się**	[kômpatch' ch'in]
pêcher	**łowić ryby**	[w'ovitch' ryby]
faire du kayak	**pływać kajakiem**	[pw'yvatch' kaïakièm]
faire du bateau	**pływać statkiem**	[pw'yvatch' statkièm]
louer un bateau	**wynająć statek**	[vynaïôntch' statèk]
louer pour 2 heures	**wynająć na dwie godziny**	[vynaïôntsh na dviè godj'iny]
emprunter un kayak	**wypożyczyć kajak**	[vypojytchytch' kaïak]
combien coûte ?	**ile kosztuje ?**	[ilè kochtouïè ?]
planche à voile	**windsurfing**	[w'indsèrfing]
jouer au tennis	**grać w tenisa**	[gratch' v tènisa]
raquette	**rakieta tenisowa**	[rakièta tènisova]
court de tennis	**kort tenisowy**	[kort tènisovy]
jouer au football	**grać w piłkę nożną**	[gratch' v piw'kin nojnôn]
jouer au volley-ball	**grać w siatkówkę**	[gratch' v ch'atkouvkin]
match	**mecz**	[mètch]
faire du ski	**jeździć na nartach**	[ièj'dj'itch' na nartah']
téléphérique	**kolejka linowa**	[kolèïka linova]
hôtel	**hotel**	[hʳotèl]
camping	**camping**	[camping]
centre de vacances	**centrum wakacyjne**	[tsentroum vakatsyïnè]
loger chez l'habitant	**wynajmować kwaterę**	[vynaïmowatch' kvatèrin]

ENTRAÎNEZ-VOUS

A **Comment diriez-vous en français ?**

1. **w góry.**
2. **pływać.**
3. **plaża.**
4. **kąpać się.**
5. **łowić ryby.**
6. **piasek.**
7. **w lipcu.**
8. **gdzie ?**
9. **grać.**
10. **wynająć statek.**

B **Comment diriez-vous en polonais ?**

1. *Il ne part pas pour les vacances, il reste à la maison.*
2. *Elle part pour les vacances en juillet.*
3. *J'aime partir au bord de la mer et me baigner.*
4. *En février il part dans les montagnes pour faire du ski.*
5. *Quand je suis au bord de la rivière j'emprunte un kayak.*

SOLUTIONS

A

1. *dans les montagnes.*
2. *nager.*
3. *plage.*
4. *se baigner.*
5. *pêcher.*
6. *sable.*
7. *en juillet.*
8. *où ?*
9. *jouer.*
10. *louer un bateau.*

B

1. **On nie wyjeżdża na wakacje, on zostaje w domu.**
2. **Ona wyjeżdża na wakacje w lipcu.**
3. **Lubię wyjeżdżać nad morze i kąpać się.**
4. **W lutym on wyjeżdża w góry, żeby jeżdżić na nartach.**
5. **Kiedy jestem nad rzaką wypożyczam kajak.**

Les mois de l'année	**Miesiące roku**	[Miech'ontse rokou]
janvier / en janvier	**styczeń / w styczniu**	[stychègn / v stychniou]
février/ en février	**luty / w lutym**	[loutyl / vloutym]
mars / en mars	**marzec / w marcu**	[majèts / v martsou]
avril / en avril	**kwiecień / w kwietniu**	[kviètch'égn / v kvètniou]
mai / en mai	**maj / w maju**	[may / v mayou]
juin / en juin	**czerwiec / w czerwcu**	[tchèrvièts / v tchèrvtsou]
juillet / en juillet	**lipiec / w lipcu**	[lipièts / v liptsou]
août / en août	**sierpień / w sierpniu**	[ch'èrpiègn / v ch'èrpniou]
septembre / en septembre	**wrzesień / we wrześniu**	[wjèch'ègn / ve wjèch'niou]
octobre / en octobre	**październik / w październiku**	[paj'dj'èrnik / v paj'dj'èrnikou]
novembre / en novembre	**listopad / w listopadzie**	[listopad / v listopadj'è]
décembre / en décembre	**grudzień / w grudniu**	[groudj'ègn / v groudniou]

B14 Corps
Ciało

la tête	**głowa**	[gw'ova]
les yeux	**oczy**	[otchy]
les oreilles	**uszy**	[ouchy]
le nez	**nos**	[nos]
la bouche	**buzia**	[bouj'a]
les dents	**zęby**	[zèmby]
le visage	**twarz**	[tvaj]
la poitrine	**klatka piersiowa**	[klatka pierch'ova]
les bras	**ramiona**	[ramiona]
les mains	**ręce**	[rentsè]
le doigt	**palec**	[palèts]
la jambe	**noga**	[noga]
le pied	**stopa**	[stopa]
le cœur	**serce**	[sèrtsè]
l'estomac	**żołądek**	[jow'ôndek]
le ventre	**brzuch**	[bjouh']
la peau	**skóra**	[skoura]
le sang	**krew**	[krèv]
marcher	**iść**	[ich'tch']
être debout	**stać**	[statch']
se lever	**wstawać**	[vstavatch']
être assis	**siedzieć**	[ch'èdj'ètch']

grand/e	**duży/a**	[doujy/douja]
petit/e	**mały/a**	[maw'y/maw'a]
fort/e	**silny/a**	[ch'ilny/ch'ilna]
lourd/e	**ciężki/a**	[tch'injki/tch'injka]
léger/ère	**lekki/a**	[lekki/lekka]
beau/belle	**piękny/a**	[piènkny/piènkna]
laid/e	**brzydki/a**	[bjydki/bjydka]
long/ue (grand/e)	**długi/a**	[dw'ougi/dw'ouga]
court/e (petit/e)	**krótki/a**	[kroutki/kroutka]
bnun/brune	**brunet/brunetka**	[brounèt/brounètka]
blond/blonde	**blondyn/blondynka**	[blondyn/blondynka]

combien pesez-vous ?	**ile Pan waży ?**	[ilè Pan wajy ?]
je pèse 60 kg	**ważę sześćdziesiąt kilo**	[vajin chech'tch'dj'èch'ônt kilo]
combien mesurez-vous ?	**ile ma Pan wzrostu ?**	[ilè ma Pan vrostou]
je mesure 1,70 m	**mam metr siedemdziesiąt wzrostu**	[mam mètr ch'èdemdjèch'ônt vzrostou]

B14 ENTRAÎNEZ-VOUS

A **Comment diriez-vous en français ?**

1. **Mam małe zęby.**
2. **Ona ma piękne włosy.**
3. **On ma dużą głowę i mały nos.**
4. **Ta dziewczyna ma piękną twarz.**
5. **On jest brzydki !**

B **Comment diriez-vous le contraire ?**

1. **On jest mały –**
2. **Ona jest blondynką –**
3. **Ten nos jest krótki –**
4. **Ten chłopiec jest ładny –**
5. **Ona jest ciężka –**

C **Comment diriez-vous en polonais ?**

1. *de grands yeux.*
2. *de longs cheveux.*
3. *une tête ronde.*
4. *de longues jambes.*
5. *de petites oreilles.*
6. *combien pèses-tu ?*
7. *elle est blonde.*
8. *il est brun.*
9. *elle mesure 1,55 m, elle est petite.*
10. *Quand il est debout il est grand.*

SOLUTIONS

A
1. *J'ai de petites dents.*
2. *Elle a de beaux cheveux.*
3. *Il a une tête ronde et un petit nez.*
4. *Cette fille a un beau visage.*
5. *Il est laid !*

B
1. **On jest duży** *(il est petit – il est grand).*
2. **Ona jest brunetką** *(elle est blonde – elle est brune).*
3. **Ten nos jest długi** *(ce nez est court – ce nez est long).*
4. **Ten chłopiec jest brzydki** *(ce garçon est beau – ce garçon est laid).*
5. **Ona jest lekka** *(elle est lourde – elle est légère).*

C
1. **duże oczy.**
2. **długie włosy.**
3. **okrągla głowa.**
4. **długie nogi.**
5. **małe uszy.**
6. **ile ważysz ?**
7. **ona jest blondynką.**
8. **on jest brunetem.**
9. **ona ma 1,55 m (metr pięcdziesiąt pięć), ona jest mała.**
10. **kiedy on stoi, on jest duży.**

B15 Santé
Zdrowie

je me sens bien	**czuję się dobrze**	[tchouïin ch'in dobjè]
je suis en bonne santé	**jestem zdrowy/a**	[ïèstèm zdrovy/zdrova]
je me sens mal	**czuję się źle**	[tchouïim ch'in jlè]
je suis en mauvaise santé	**jestem w złej formie**	[ïèstèm v zw'èï formiè]
je suis malade	**jestem chory/a**	[ïèstèm h^{r}ory/h^{r}ora]
maladie	**choroba**	[h^{r}oroba]
guérir	**wyzdrowieć**	[vyzdroviètch']
j'ai mal à la tête	**boli mnie głowa**	[boli mniè gw'ova]
j'ai mal aux dents	**bolą mnie zęby**	[bolôn mniè zèmby]
j'ai mal au ventre	**boli mnie brzuch**	[boli mniè bjouh^{r}]
j'ai mal à la gorge	**boli mnie gardło**	[bon mniè gardw'o]
j'ai de la fièvre	**mam gorączkę**	[mam gorôntchkin]
tousser	**kasłać**	[kasw'atch']
je tousse	**kaszlę**	[kachlin]
avoir la grippe	**mieć grypę**	[mièțch' grypin]
avoir un rhume	**mieć katar**	[mièțch' katar]
se casser la jambe	**złamać sobie nogę**	[zw' amatch' sobie nogin]
docteur	**lekarz**	[lekaj]
infirmière	**pielęgniarka**	[pièlingniarka]
dentiste	**dentysta**	[dèntysta]
pharmacie	**apteka**	[aptèka]
aller chez le docteur	**pójść do lekarza**	[pouïch'tch' do lékaja]
appeler le docteur	**wezwać lekarza**	[vezvatch' lekarza]
ordonnance	**recepta**	[rètsèpta]
médicament	**lekarstwo**	[lèkarstvo]
prendre un médicament	**brać lekarstwo**	[bratch' lèkarstvo]
hôpital	**szpital**	[chpital]
opération	**operacja**	[opèratsïa]
ambulance	**karetka**	[karètka]

B15 ENTRAÎNEZ-VOUS

A **Comment diriez-vous en polonais ?**

1. *Je suis malade.*
2. *J'ai mal à la gorge.*
3. *Elle est en mauvaise santé.*
4. *Il se sent bien.*
5. *Elle a de la fièvre.*
6. *J'ai une ordonnance.*
7. *La pharmacie est ici.*
8. *Elle va chez le docteur.*
9. *Le docteur est à l'hôpital.*
10. *Je prends des médicaments.*

B **Posez les questions correspondant aux phrases de l'exercice A.**

C **Compléter les phrases suivantes ?**

1. **Czuję .... dobrze.**
2. **Boli .... głowa.**
3. **On .... chory.**
4. **.......... lekarstwa.**
5. **Jestem .... złej formie.**

SOLUTIONS

A

1. **Jestem chory.**
2. **Boli mnie gardło.**
3. **Ona jest w złej formie.**
4. **On czuje się dobrze.**
5. **Ona ma gorączkę.**
6. **Mam receptę.**
7. **Tu jest apteka.**
8. **Ona idzie do lekarza.**
9. **Lekarz jest w szpitalu.**
10. **Biorę lekarstwa.**

B

1. **Czy jesteś chory ?** *(est-ce que tu es malade ?)*
2. **Czy boli Cię gardło ?** *(est-ce que tu as mal à la gorge ?)*
3. **Czy ona jest w złej formie ?** *(est-ce qu'elle est en mauvaise santé ?)*
4. **Czy on czuje się dobrze ?** *(est-ce qu'il se sent bien ?)*
5. **Czy ona ma gorączkę ?** *(est-ce qu'elle a de la fièvre ?)*
6. **Czy masz receptę ?** *(est-ce que tu as une ordonnance ?)*
7. **Czy tu jest apteka ?** *(est-ce que la pharmacie est ici ?)*
8. **Czy ona idzie do lekarza ?** *(est-ce qu'elle va chez le docteur ?)*
9. **Czy lekarz jest w szpitalu ?** *(est-ce que le docteur est à l'hôpital ?)*
10. **Czy bierzesz lekarstwa ?** *(est-ce que tu prends des médicaments ?)*

C

1. **się** *(je me sens bien).*
2. **mnie** *(j'ai mal à la tête).*
3. **jest** *(il est malade).*
4. **biorę** *(je prends des médicaments).*
5. **w** *(je suis en mauvaise santé).*

B16 Souhaits
Życzenia

Noël	**Święta Bożego Narodzenia**	[ch'vienta Bojègo Narodzènia]
Joyeux Noël	**Szczęśliwych Swiąt Bożego Narodzenia**	[Chtchinch'livyhʳ Ch'viônt Bojègo Narodzènia]
Bonne année	**Szczęśliwego Nowego Roku**	[Chtchinch'livègo Novègo Rokou]
Pâques	**Wielkanoc**	[Vièlkanots]
Joyeuses Pâques	**Szczęśliwych Swiąt Wielkanocnych**	[Chtchinch'livyhʳ Ch'viônt Vièlkanotsnyhʳ]
anniversaire	**urodziny**	[ourodziny]
bon anniversaire	**wszystkiego najlepszego z okazji urodzin**	[vchystkiègo naïlèpchègo z okazïi ourodzin]
fête	**imieniny**	[imièniny]
à l'occasion de...	**z okazji...**	[z okazyi ...]
souhaiter	**życzyć**	[jytchytch']
je te souhaite	**życzę Ci**	[jytchin tch'i]
mes meilleurs vœux	**moje najserdeczniejsze życzenia**	[moïè naïsèrdètchnièïchè jytchènia]
meilleurs vœux	**wszystkiego najlepszego**	[vchystkiègo naïlèpchègo]
bonheur	**szczęście**	[chtchinch'tch'è]
bonne chance !	**powodzenia**	[povodzènia]
je vous prie de recevoir...	**proszę przyjąć...**	[prochin pjyïôntch'...]
mes meilleures salutations	**serdeczne pozdrowienia**	[sèrdètchnè pozdroviènia]
mes sentiments distingués	**wyrazy szacunku**	[vyrazy chatsounkou]
mes sincères félicitations	**serdeczne życzenia**	[sèrdètchnè jytchènia]
amicalement	**serdeczości**	[sèrdètchnoch'tch'i]
remercier	**dziękować**	[dj'ènkovatch']
je te remercie de ta lettre	**dziękuję Ci za list**	[dj'ènkouïin tch'i za list]
tu m'as fait très plaisir	**zrobiłeś mi dużą przyjemność**	[zrobiw'ech' mi doujôn pjyièmnoch'tch']
je pense à toi	**myślę o Tobie**	[mych'lin o tobiè]
je t'embrasse très fort	**całuję Cię bardzo mocno**	[tsaw'ouïin tch'in bardzo motsno]
bisous	**ucałowania**	[outsaw'ovania]
je t'aime	**kocham Cię**	[kohʳam tch'in]
je t'aime bien	**lubię Cię**	[loubiin tch'in]

B16 ENTRAÎNEZ-VOUS

A **Écrivez cette carte en polonais :**

Je te prie de recevoir mes meilleurs vœux à l'occasion de Noël ! Je te souhaite beaucoup de bonheur et bonne chance pour la Nouvelle Année 1993.

B **Comment diriez-vous en polonais. Et comment diriez-vous le contraire ?**

1. *je pense à toi.*
2. *je te remercie de ta lettre.*
3. *je t'embrasse.*
4. *il te souhaite bonne chance.*
5. *je t'aime.*

C **Comment diriez-vous en français ?**

1. **całuję Cię.**
2. **życzę Ci powodzenia.**
3. **Wielkanoc.**
4. **urodziny mojego brata.**
5. **serdeczne pozdrowienia dla twoich rodziców.**

SOLUTIONS

A **Proszę przyjmij moje najserdeczniejsze życzenia z okazji Świąt Bożego Narodzenia. Życzę Ci dużo szczęścia i powodzenia w Nowym 1993 Roku.**

B
1. **Myślę o Tobie. Nie myślę o Tobie.** *(je ne pense pas à toi).*
2. **Dziękuję Ci za list. Nie dziękuję Ci za list.** *(je ne te remercie pas de ta lettre).*
3. **Całuję Cię. Nie całuję Ciebie.** *(je ne t'embrasse pas).*
4. **On życzy Ci powodzenia. On nie życzy Ci powodzenia.** *(il ne te souhaite pas bonne chance).*
5. **Kocham Cię. Nie kocham Ciebie.** *(je ne t'aime pas).*

C
1. *je t'embrasse.*
2. *je te souhaite bonne chance.*
3. *Pâques.*
4. *anniversaire de mon frère.*
5. *meilleures salutations à tes parents.*

B17 Bureau / Travail / Métiers
Biuro / Praca / Zawody

travailler	**pracować**	[pratsovatch']
jour de travail	**dzień pracy**	[dj'ègn pratsy]
un emploi	**zatrudnienie**	[zatroudnièniè]
embaucher quelqu'un	**zatrudnić kogoś**	[zatroudnitch' kogoch']
perdre son emploi	**stracić pracę**	[stratch'itch' pratsin]
il a perdu son emploi	**on stracił pracę**	[on stratch'iw' pratsin]
être sans emploi	**być bez pracy**	[bytch' bèz pratsy]
il est sans emploi	**on jest bez pracy**	[on ïèst bèz pratsy]
chômage	**bezrobocie**	[bèzrobotch'è]
un chômeur	**bezrobotny**	[bèzrobotny]
gagner de l'argent	**zarabiać pieniądze**	[zarabiatch' pièniôndzè]
un salaire	**pensja**	[pensïa]
payer	**płacić**	[pw'atch'itch']
elle travaille	**ona pracuje**	[ona pratsouïè]
dans un bureau	**w biurze**	[v bioujè]
dans une banque	**w banku**	[v bankou]
dans une usine	**w fabryce**	[v frabrytsè]
dans un magasin	**w sklepie**	[v sklèpiè]
dans un dépôt	**w magazynie**	[v magazyniè]
un patron/chef	**szef**	[chèf]
le personnel	**personel**	[pèrsonèl]
un employé	**urzędnik**	[oujindnik]
une employée	**urzędniczka**	[oujindnitchka]
un banquier	**bankier**	[bankièr]
un ingénieur	**inżynier**	[injynièr]
un économiste	**ekonomista**	[èkonomista]
une secrétaire	**sekretarka**	[sèkrètarka]
un vendeur	**sprzedawca**	[spjèdavtsa]
une vendeuse	**sprzedawczyni**	[spjèdavtchyni]
un ouvrier	**robotnik**	[robotnik]
un électricien	**elektryk**	[èlèktryk]
un ordinateur	**komputer**	[kompoutèr]
une calculette	**kalkulator**	[kalkulator]
un outil	**narzędzie**	[najendj'è]
un bureau	**biuro**	[biouro]
une cantine	**stołówka**	[stow'ouvka]
un hall d'entrée	**wejście**	[wèïch'tch'è]

ENTRAÎNEZ-VOUS

A **Comment diriez-vous en polonais ?**

1. *Je travaille dans une banque.*
2. *Dans notre bureau il y a beaucoup d'employés.*
3. *Il est ingénieur et il travaille dans une usine.*
4. *Dans ce bureau il y a deux secrétaires.*
5. *Il a perdu son emploi, il est chômeur.*
6. *Elle veut gagner beaucoup d'argent.*
7. *Dans ce magasin il y a trop de personnel.*
8. *Mon patron m'a payé mon salaire.*
9. *Je ne veux pas travailler !*
10. *As-tu un ordinateur ?*

SOLUTIONS

A

1. **Pracuję w banku.**
2. **W naszym biurze jest dużo pracowników.**
3. **On jest inżynierem i pracuje w fabryce.**
4. **W tym biurze są dwie sekretarki.**
5. **On stracił pracę, jest bezrobotny.**
6. **Ona chce zarobić dużo pieniędzy.**
7. **W tym sklepie jest za dużo personelu.**
8. **Mój szef zapłacił mi pensję.**
9. **Nie chcę pracować !**
10. **Czy masz komputer ?**

QUELQUES SITES INTERNET UTILES

• **www.tourisme.pologne.net :** site de l'Office national polonais du tourisme (v. B.9).

• **www.pilot.pl :** cartes de la Pologne.

• **www.polska-be.com :** site de l'Office polonais de tourisme de Bruxelles.

• **www.hotelspoland.com :** site en anglais.

• **www.poland.pl :** site officiel de l'État polonais.

B18 Âges / Occupations
Wiek / Zajęcia

quel âge as-tu ?	**ile masz lat ?**	[ilè mach lat ?]
quel âge avez-vous ?	**ile ma Pan lat ?**	[ilè ma Pan lat ?]
j'ai 5 ans	**mam pięć lat**	[mam pièntch' lat]
j'ai 25 ans	**mam dwadzieścia pięć lat**	[mam dvadj'èch'tch'a pièntch' lat]
elle a 50 ans	**ona ma pięćdziesiąt lat**	[ona ma pièntch'dj'èch'ônt lat]
que fais-tu ?	**co robisz ?**	[tso robich ?]
que faites-vous ?	**co Pan robi ?**	[tso Pan robi]
être à l'école	**uczyć się**	[outchytch' ch'in]
je suis à l'école	**uczę się**	[outchin ch'in]
faire des études	**studiować**	[stoudiovatch']
être à l'université	**być na uniwersytecie**	[bytch' na ounivèrsytètch'è]
travailler	**pracować**	[pratsovatch']
être à la retraite	**być na emeryturze**	[bytch' na èmèrytoujè]
une école maternelle	**przedszkole**	[pjèdchkolè]
une école primaire	**szkoła podstawowa**	[chkow'a podstavova]
à l'école	**w szkole**	[w chkôlè]
un lycée	**liceum**	[litsèoum]
au lycée	**w liceum**	[w litsèoum]
un élève	**uczeń**	[outchègn]
un étudiant	**student**	[stoudènt]
une étudiante	**studentka**	[stoudèntka]
une faculté	**wydział**	[vydj'aw']
faculté de droit	**wydział prawa**	[vydj'aw' prava]
faculté d'économie	**wydział ekonomii**	[vydj'aw' èkonomii]
faculté de médecine	**wydział medycyny**	[wydj'aw' mèdytsyny]
faculté de langue française	**fakultet języka francuskiego**	[fakoultèt ïinzyka frantsouskiègo]
l'école polytechnique	**politechnika**	[politèh^{r}nika]
l'école supérieure de commerce	**wyższa szkoła handlowa**	[vyjcha chkowa h^{r}andlova]
un professeur	**profesor**	[profèsor]
un instituteur	**nauczyciel**	[naoutchytch'èl]
une institutrice	**nauczycielka**	[naoutchytch'èlka]
un examen	**egzamin**	[ègzamin]
réussir un examen	**zdać egzamin**	[zdatch' egzamin]
échouer à un examen	**oblać egzamin**	[oblatch' egzamin]

B18 ENTRAÎNEZ-VOUS

A Comment diriez-vous en polonais ?

1. *Il fait ses études.*
2. *Elle est au lycée.*
3. *Il a 50 ans et il est professeur.*
4. *Elle travaille dans une école maternelle.*
5. *Il a 10 ans et il est élève.*
6. *Elles sont étudiantes.*
7. *Ils font des études à la faculté de droit.*
8. *Elle est institutrice dans une école primaire.*
9. *Il a 50 ans et il est à la retraite.*
10. *Il a échoué à cet examen.*

B Formez des questions avec des phrases de l'exercice A.

SOLUTIONS

A

1. **On studiuje.**
2. **Ona uczy się w liceum.**
3. **On ma pięćdziesiąt lat i jest profesorem.**
4. **Ona pracuje w przedszkolu.**
5. **On ma dziesięć lat i jest uczniem.**
6. **One są studentkami.**
7. **Oni studiują na wydziale prawa.**
8. **Ona jest nauczycielką w skole podstawowej.**
9. **On ma pięćdziesiąt lat i jest na emeryturze.**
10. **On oblał ten egzamin.**

B

1. **Czy on studiuje ?** *(est-ce qu'il fait ses études ?)*
2. **Czy ona uczy się w liceum ?** *(est-ce qu'elle est au lycée ?)*
3. **Czy on ma 50 lat i jest profesorem ?** *(est-ce qu'il a 50 ans et est-ce qu'il est professeur ?)*
4. **Czy ona pracuje w przedszkolu ?** *(est-ce qu'elle travaille dans une école maternelle ?)*
5. **Czy on ma 10 lat i jest uczniem ?** *(est-ce qu'il a 10 ans et qu'il est élève ?)*
6. **Czy one są studentkami ?** *(est-ce qu'elles sont étudiantes ?)*
7. **Czy oni studiują na wydziale prawa ?** *(est-ce qu'ils font des études à la faculté de droit ?)*
8. **Czy ona jest nauczycielką w szkole podstawowej ?** *(est-ce qu'elle est institutrice dans une école maternelle ?)*
9. **Czy on ma 50 lat i jest na emeryturze ?** *(est-ce qu'il a 50 ans et est-ce qu'il est à la retraite ?)*
10. **Czy on oblał ten egzamin ?** *(est-ce qu'il a échoué à cet examen ?)*

B19 Distractions / Soirée / Amis
Rozrywki / Wieczór / Przyjaciele

la télévision	**telewizja**	[tèlèvizïa]
regarder la télévision	**oglądać telewizję**	[oglôndatch tèlèviziè]
la radio	**radio**	[radio]
écouter la radio	**słuchać radia**	[sw'ouh^{r}âtch' radia]
le cinéma	**kino**	[kino]
le théâtre	**teatr**	[tèatr]
allons au cinéma	**chodźmy do kina**	[h^{r}odj'my do kina]
allons au théâtre	**chodźmy do teatru**	[h^{r}odj'my do tèatrou]
avez-vous vu cette pièce?	**widzieliście tę sztukę ?**	[vidj'èlich'tch'è tin chtoukin ?]
as-tu vu ce film ?	**widziałeś ten film ?**	[vidj'aw'esh ten film ?]
que faites-vous ce soir?	**co robicie dziś wieczorem ?**	[tso robitch'è dj'ich' viètchorèm]
aller à la discothèque	**iść na dyskotekę**	[ich'tch' na dyskotèkin]
écouter de la musique	**słuchać muzyki**	[sw'ouh^{r}atch' mouzyki]
quelle musique aimes-tu ?	**jaką lubisz muzykę ?**	[iakôn loubich mouzykin ?]
organiser une soirée	**organizować imprezę**	[organizovatch' imprèzin]
organiser un dîner	**organizować kolację**	[organizovatch' kolatsïin]
dîner aux chandelles	**kolacja przy świacach**	[kolatsya pjy ch'viètsah^r]
inviter quelqu'un	**zapraszać kogoś**	[zaprachatch' kogoch']
j'ai invité beaucoup de monde	**zaprosiłam dużo ludzi**	[zaproch'iw'am doujo loudj'i]
danser	**tańczyć**	[tantchytch']
boire de l'alcool	**pić alkohol**	[pitch' alkoh^{r}ol]
aimes-tu la vodka ?	**lubisz wódkę ?**	[loubich voudkin ?]
aimes-tu le vin?	**lubisz wino ?**	[loubich vino ?]
vin sec	**wino wytrawne**	[vivo vytravnè]
vin doux	**wino słodkie**	[vivo sw'odkiè]
vin rouge	**wino czerwone**	[vino tchèrvonè]
vin blanc	**wino białe**	[vino biaw'è]
qu'est-ce que tu veux boire ?	**czego się napijesz ?**	[tchègo ch'in napïièch ?]
se soûler	**upić się**	[upitch' ch'in]
avoir la gueule de bois	**mieć kaca**	[mièts katsa]
se distraire	**rozerwać się**	[rozèrvatch' ch'in]
t'es-tu bien amusé ?	**dobrze się bawiłeś ?**	[dobjè ch'in baviw'èsh ?]
c'était une magnifique soirée !	**to był wspaniały wieczór !**	[to byw' vspaniaw'y viètchour]
s'ennuyer	**nudzić się**	[noudj'itch' ch'in]
je me suis ennuyée toute la soirée	**nudziłam się cały wieczór**	[noudj'iwam ch'in tsaw'y viètchour]

B19 ENTRAÎNEZ-VOUS

A **Écrivez ce dialogue en polonais :**

— *Salut, qu'est-ce que tu fais ce soir ?*
— *Je vais chez les Kowalski, ils organisent une soirée ce soir.*
— *À quelle heure ?*
— *À 20 h 00.*
— *Oh ! Nous y allons aussi !*
— *Ils ont invité beaucoup de monde.*
— *Ce sera une soirée magnifique.*
— *Oui, nous allons écouter de la musique, danser et bien nous amuser.*
— *À bientôt !*

B **Comment diriez-vous en polonais ?**

1. *je vais au cinéma.*
2. *il n'aime pas la vodka.*
3. *qu'est-ce que vous voulez boire ?*
4. *bien s'amuser.*
5. *danser.*

C **Remettez dans le bon ordre et traduisez :**

1. **dzié do idę wieczorem teatru.**
2. **dużo zaprosiła ona ludzi.**
3. **lubisz białe czy wino słodkie?**
4. **wspaniały był wieczór to.**
5. **stuchać muzyki jakiej lubisz?**

SOLUTIONS

A
– Cześć, co robisz dziś wieczorem ?
– Idę do Kowalskich, organizują dziś imprezę.
– O której godzinie ?
– O dwudziestej.
– O ! My też tam idziemy !
– Zaprosili dużo ludzi.
– To będzie wspaniaty wieczôr.
– Tak, będziemy stuchać muzyki, tańczyć i dobrze się bawić.
– Do zobaczenia !

B
1. **Idę do kina.**
2. **on nie lubi wódki.**
3. **czego się napijecie?**
4. **dobrze się bawić.**
5. **tańczyć.**

C
1. **Idę dziś wieczorem do teatru.** *(je vais ce soir au* théâtre).
2. **Ona zaprosiła dużo ludzi.** *(elle a invité beaucoup de monde).*
3. **Czy lubisz białe słodkie wino?** *(aimes-tu le vin blanc doux).*
4. **To był wspaniały wieczór.** *(c'était une soirée magnifique).*
5. **Jakiej lubisz stuchać muzyki?** *(quelle musique aimes-tu?).*

B20 Histoire / Géographie
Historia / Geografia

le roi	**król**	[kroul]
la reine	**królowa**	[kroulova]
le prince	**książę**	[kch'ônjin]
la princesse	**księżniczka**	[kch'injnitska]
le comte	**hrabia**	[h^{r}abia]
la comtesse	**hrabina**	[h^{r}abina]
la noblesse	**szlachta**	[chlah^{r}ta]
le noble	**szlachcic**	[chlah^{r}tch'its]
la couronne	**korona**	[korona]
le royaume	**królestwo**	[kroulèstwo]
le duché	**księstwo**	[kch'instwo]
les partages de la Pologne	**rozbiory Polski**	[rozbiory Polski]
le Premier Partage	**pierwszy rozbiór**	[piervchy rozbiour]
le Deuxième Partage	**drugi rozbiór**	[drougi rozbiour]
le Troisième Partage	**trzeci rozbiór**	[tjètch'i rozbiour]
Duché de Varsovie	**Księstwo Warszawskie**	[Kch'instwo Varchavskiè]
Royaume de Pologne	**Królestwo Polskie**	[Kroulèstwo Polskiè]
créer	**utworzyć**	[outvojytch']
la guerre	**wojna**	[voïna]
la première guerre mondiale	**pierwsza wojna światowa**	[piervcha voïna ch'viatova]
la deuxième guerre mondiale	**druga wojna światowa**	[drouga voïna ch'viatova]
hitlériens	**hitlerowcy**	[h^{r}itlèrovtsy]
l'attaque	**atak**	[atak]
l'ennemi	**nieprzyjaciel**	[nièpjyïatch'èl]
la bataille	**bitwa**	[bitva]
le siège de Varsovie	**oblężenie Warszawy**	[oblinjènié Varchavy]
la paix	**pokój**	[pokouï]
la République populaire de Pologne	**Polska Rzeczpospolita Ludowa**	[Polska Jetchpospolita Loudova]
la République de Pologne	**Rzeczpospolita Polska**	[Jetchpospolita Polska]
la Diète	**Sejm**	[sèïm]
le Sénat	**Senat**	[sènat]
le député	**poseł**	[posèw']
le sénateur	**senator**	[sènator]
les débats du Parlement	**obrady parlamentu**	[obrady parlamentou]
interrompre les débats	**przerwać obrady**	[pjèrvatch' obrady]
le Président	**Prezydent**	[prèzydent]
le Premier ministre	**Premier**	[prèmièr]
le gouvernement	**rząd**	[jônd]
les élections	**wybory**	[vybory]

ENTRAÎNEZ-VOUS

A Comment diriez-vous en français ?

1. **pierwsza wojna światowa.**
2. **oblężanie Warszawy.**
3. **na południu.**
4. **utworzyć.**
5. **obrady senatu.**
6. **parlament.**
7. **pokój.**
8. **na wschodzie.**
9. **król.**
10. **rozbiory Polski.**

B Pouvez-vous traduire ce texte en polonais ?

1. *Napoléon a créé le Duché de Varsovie.*
2. *Puis il a créé le Royaume de Pologne.*
3. *La première guerre mondiale a commencé en 1914.*
4. *Puis il y a eu la deuxième guerre mondiale, l'attaque sur la Pologne et le siège de Varsovie.*
5. *Après la guerre, on a créé la République populaire de Pologne.*

C Formez des questions avec les phrases du texte de l'exercice B et traduisez les :

SOLUTIONS

A

1. *la première guerre mondiale.*
2. *le siège de Varsovie.*
3. *au sud.*
4. *créer.*
5. *les débats du Sénat.*
6. *le Parlement.*
7. *la paix.*
8. *à l'est.*
9. *le roi.*
10. *les partages de la Pologne.*

B

1. **Napoleon utworzył Księstwo Warszawskie.**
2. **Później utworzył Królestwo Polskie.**
3. **Pierwsza wojna światowa zaczęła się w 1914 (tysiąc dziewięćset czternastym) roku.**
4. **Później była druga wojna światowa, atak na Polskę i oblężenie Warszawy.**
5. **Po wojnie utworzono Polską Rzeczpospolitą Ludową.**

C

1. **Czy Napoleon utworzył Księstwo Warszawskie ?** *(est-ce que Napoléon a créé le Duché de Varsovie ?).*
2. **Czy później utworzył Królestwo Polskie ?** *(puis, est-ce qu'il a créé le Royaume de Pologne ?).*
3. **Czy pierwsza wojna światowa zaczęła się w 1914 roku ?** *(est-ce que la première guerre mondiale a commencé en 1914 ?).*
4. **Czy później była druga wojna światowa, atak na Polskę i oblężenie Warszawy ?** *(est-ce qu'il y a eu ensuite la deuxième guerre mondiale, l'attaque sur la Pologne et le siège de Varsovie ?).*
5. **Czy po wojnie utworzono Polską Rzeczpospolitą Ludową ?** *(est-ce qu'après la guerre on a créé la République populaire de Pologne ?).*

l'est	**wschód**	[vsh^r^oud]
à l'est	**na wschodzie**	[na vsh^r^odj'è]
l'ouest	**zachód**	[zah^r^oud]
à l'ouest	**na zachodzie**	[na zah^r^odj'è]
le nord	**północ**	[pouw'nots]
au nord	**na północy**	[na pouw'notsy]
le sud	**południe**	[pow'oudniè]
au sud	**na południu**	[na pow'oudniou]

Mémento

Index (Les chiffres renvoient aux pages)

I Les verbes

I.1. Avertissement général

La conjugaison polonaise n'a que 3 temps: présent, passé, futur. Elle a deux « aspects » : le *perfectif* et l'*imperfectif*.

• Le *perfectif* désigne les actions achevées, non durables, uniques.

• L'*imperfectif* désigne les actions non achevées, durables, répétitives.

La différence entre le *perfectif* et l'*imperfectif* explique que les verbes polonais aillent le plus souvent « par paires ». Les « paires » de verbes peuvent se différencier par une variation dans le radical du verbe, un préfixe, ou peuvent aussi être composées de deux verbes très différents.

Exemples :

Imperfectif	*Perfectif*	
• *Radicaux différents :*		
kupować (kupuję, kupujesz)	**kupić** (kupię, kupisz)	*acheter*
wracać (wracam, wracasz)	**wrócić** (wrócę, wrócisz)	*revenir*
zaczynać (zaczynam, zaczynasz)	**zacząć** (zacznę, zaczniesz)	*commencer*
• *Préfixes :*		
czekać (czekam, czekasz)	**zaczekać** (zaczekam, zaczekasz)	*attendre*
czytać (czytam, czytasz)	**przeczytać** (przeczytam, przeczytasz)	*lire*
kończyć (kończę, kończysz)	**skończyć** (skończę, skończysz)	*finir*
pisać (piszę, piszesz)	**napisać** (napiszę, napiszesz)	*écrire*
pytać (pytam, pytasz)	**zapytać** (zapytam, zapytasz)	*demander*
robić (robię, robisz)	**zrobić** (zrobię, zrobisz)	*faire*
znać (znam, znasz)	**poznać** (poznam, poznasz)	*connaître*
• *Deux verbes différents :*		
mówić (mówię, mówisz)	**powiedzieć** (powiem, powiesz)	*dire*
wziąć (weźmę, weźmiesz)	**brać** (biorę, bierzesz)	*prendre*

La combinaison des temps et des « aspects » perfectifs/imperfectifs permet d'exprimer toutes les nuances temporelles.

	Aspects	
	perfectif	*imperfectif*
passé	**zrobiłem** *j'ai fait*	**robiłem** *je faisais*
présent	–	**robię** *je fais*
futur	**zrobię** *je ferai*	**będę robić** *je vais faire*

I Les verbes

Les verbes polonais, *perfectifs* ou *imperfectifs,* se répartissent en quelques grands modèles – et beaucoup d'exceptions ! On a regroupé ci-dessous les verbes en 4 modèles (simplifiés). Les formes perfectives ou imperfectives peuvent appartenir indifféremment à l'un ou l'autre modèle : il n'y a pas de relation entre le modèle de conjugaison et le fait que la forme soit perfective ou imperfective. Pour conjuguer correctement un verbe, il faut connaître :

• la *première* et *la deuxième personnes* du *singulier* du présent, qui permettent de savoir à quel modèle se rattache le verbe ;

• *l'infinitif,* avec lequel on construit les formes participiales utilisées notamment dans la formation du futur ;

• *la forme brève du radical,* pour former l'impératif.

C'est pourquoi, dans les dictionnaires les plus complets de polonais, ou dans les lexiques savants, ces formes sont indiquées entre parenthèses pour vous permettre de savoir à quel modèle se rapporte le verbe.

Dans les tableaux de conjugaison qui suivent, on n'a retenu que les formes les plus courantes :

• *le présent* : 3 personnes du singulier et 3 personnes du pluriel

• *le passé* : 3 personnes du singulier et 3 personnes du pluriel.

Notez bien que les formes du suffixe qui sert à former le passé diffèrent selon qu'elles sont masculines ou féminines : **–ł**, **–li**, au masculin, **–ła**, **–ły** au féminin (voir unité A18).

• *le futur* : 1re forme avec l'auxiliaire *être* + infinitif et 2e forme avec l'auxiliaire *être* et le participe (qui, lui, se décline selon qu'il est singulier ou pluriel, féminin ou masculin – voir unité A16). Notez bien que tous les verbes qui servent de modèles de conjugaison sont des verbes imperfectifs, car les verbes perfectifs, qui ont par nature un sens futur, ne se conjuguent pas au futur.

• *l'impératif* : 1re personne du singulier et 1re et 2e personnes du pluriel.

I.2. Les verbes en –am/asz

• Exemple : **czekać** [tchèkatch'], *attendre*

	PRÉSENT		
Singulier	1. **czekam**	[tchèkam]	*j'attends*
	2. **czekasz**	[tchèkach]	*tu attends*
	3. **czeka**	[tchèka]	*il attend*
Pluriel	1. **czekamy**	[tchèkamy]	*nous attendons*
	2. **czekacie**	[tchékatch'è]	*vous attendez*
	3. **czekają**	[tchékaïôn]	*ils attendent*

I Les verbes

PASSÉ		
Singulier		
1. **czekałem/łam**	[tchèkaw'èm/w'am]	*j'attendais*
2. **czekałeś/łaś**	[tchèkaw'èch'/w'ach']	*tu attendais*
3. **czekał/ła**	[tchèkaw'/w'a]	*il/elle attendait*
Pluriel		
1. **czekaliśmy/łyśmy**	[tchèkalich'my/w'ych'my]	*nous attendions*
2. **czekaliście/łyście**	[tchèkalich'tch'è/w'ych'tch'è]	*vous attendiez*
3. **czekali/ły**	[tchèkali/w'y]	*ils/elles attendaient*
FUTUR		
I. **będę czekać**	[bèndin tchèkatch']	*j'attendrai*
II. **będę czekał/ła**	[bèndin tchèkaw'/w'a]	*j'attendrai*
IMPÉRATIF		
2 sg. **czekaj**	[tchèkaï]	*attends*
1 pl. **czekajmy**	[tchèkaïmy]	*attendons*
2 pl. **czekajcie**	[tchèkaïtch'è]	*attendez*

Autres verbes se conjuguant sur le même modèle :

dotykać	[dotykatch']	*toucher*
mieć	[miètch']	*avoir*
mieszkać	[mièchkatch']	*habiter*
nazywać się	[nazyvatch' ch'in]	*s'appeler*
podobać się	[podobatch' ch'in]	*plaire*
przyjeżdżać	[pjyïèjdjatch']	*venir*
pukać	[poukatch']	*frapper*
słuchać	[sw'ouh'atch']	*écouter*
śpiewać	[ch'pièvatch']	*chanter*
trwać	[trvatch']	*durer*
uważać	[ouvajatch']	*faire attention*
uwielbiać	[ouvièlbiatch']	*adorer*
wracać	[vratsatch']	*revenir*
wyjeżdżać	[vyïèjdjatch']	*partir*
zaczynać	[zatchynath']	*commencer*
zamawiać	[zamawiatch']	*commander*
zarabiać	[zarabiatch']	*gagner*
znać	[znatch']	*connaître*
zwiedzać	[zvièdzatch']	*visiter*

I Les verbes

I.3. Les verbes en ę/esz

• Exemple : **pisać** [pisatch'], *écrire*

		PRÉSENT	
Singulier	1. **piszę**	[pichin]	*j'écris*
	2. **piszesz**	[pichèch]	*tu écris*
	3. **pisze**	[pichè]	*il écrit*
Pluriel	1. **piszemy**	[pichèmy]	*nous écrivons*
	2. **piszecie**	[pichètch'è]	*vous écrivez*
	3. **piszą**	[pichôn]	*ils écrivent*
		PASSÉ	
Singulier			
1. **pisałem/łam**		[pisaw'èm/w'am]	*j'écrivais*
2. **pisałeś/łaś**		[pisaw'èch/w'ach]	*tu écrivais*
3. **pisał/a**		[pisaw'/w'a]	*il/elle écrivait*
Pluriel			
1. **pisaliśmy/łyśmy**		[pisalich'my/w'ych'my]	*nous écrivions*
2. **pisaliście/łyście**		[pisalich'tch'è/w'ych'tchè]	*vous écriviez*
3. **pisali/ły**		[pisali/w'y]	*ils/elles écrivaient*
		FUTUR	
I.	**będę pisać**	[bèndin pisatch']	*j'écrirai*
II.	**będę pisał/a**	[bèndin pisaw'/w'a]	*j'écrirai*
		IMPÉRATIF	
2 sg.	**pisz**	[pich]	*écris*
1 pl.	**piszmy**	[pichmy]	*écrivons*
2 pl.	**piszcie**	[pichtch'è]	*écrivez*

Autres verbes se conjuguant sur le même modèle :

chcieć	[h'tch'ètch']	*vouloir*
dawać	[davatch']	*donner*
głosować	[gw'osovatch']	*voter*
gotować	[gotovatch']	*faire la cuisine*
kupować	[koupovatch']	*acheter*
nieść	[nièch'tch']	*porter*
pić	[pitch']	*boire*
płakać	[pw'akatch']	*pleurer*

I Les verbes

podróżować	[podroujovatch']	*voyager*
pracować	[pratsovatch']	*travailler*
próbować	[proubovatch']	*essayer*
rezerwować	[rèzervovatch']	*réserver*
telefonować	[tèlèfonovatch']	*téléphoner*
zatrzymywać się	[zatjymatch' ch'in]	*s'arrêter*
znaleźć	[znalèjtch']	*trouver*

Notez bien : dans ce modèle, à côté de verbes difficiles et presque irréguliers, on trouve tous les verbes en **–ować (–uję, ujesz)** et **–ywać (uję, ujesz)**, qui ont une conjugaison très facile et qui sont souvent formés à partir de racines proches des racines françaises, et sont donc plus faciles à apprendre.

Exemples : **studiować**, *étudier,* **parkować się**, *se garer,* **maltretować**, *brutaliser,* etc.

I.4. Les verbes en ę/isz

• Exemple : **robić** [robitch'], *faire*

	PRÉSENT		
Singulier	1. **robię**	[robiin]	*je fais*
	2. **robisz**	[robich]	*tu fais*
	3. **robi**	[robi]	*il fait*
Pluriel	1. **robimy**	[robimy]	*nous faisons*
	2. **robicie**	[robitch'è]	*vous faites*
	3. **robią**	[robiôn]	*ils font*
	PASSÉ		
Singulier			
	1. **robiłem/łam**	[robiw'èm/w'am]	*je faisais*
	2. **robiłeś/łaś**	[robiw'èch/w'ach]	*tu faisais*
	3. **robił/a**	[robiw'/w'a]	*il/elle faisait*
Pluriel			
	1. **robiliśmy/łyśmy**	[robilich'my/w'ych'my]	*nous faisons*
	2. **robiliście/łyście**	[robilich'tch'è/w'ych'tchè]	*vous faisiez*
	3. **robili/ły**	[robili/w'y]	*ils/elles faisaient*
	FUTUR		
I.	**będę robić**	[bèndin robitch']	*je ferai*
II.	**będę robił/a**	[bèndin robiw'/w'a]	*je ferai*

I Les verbes

IMPÉRATIF			
2 sg.	**rób**	[roub]	*fais*
1 pl.	**róbmy**	[roubmy]	*faisons*
2 pl.	**róbcie**	[roubtch'è]	*faites*

Autres verbes se conjuguant sur le même modèle :

chodzić	[hʳodj'itch']	*aller, marcher*
mówić	[mouvitch']	*dire*
gubić	[goubitch']	*perdre*
kończyć	[kontchytch']	*finir*
lubić	[lubitch']	*aimer*
musieć	[mouch'ètch']	*devoir*
mylić się	[mylich' ch'in]	*se tromper*
myśleć	[mych'lètch']	*penser*
nienawidzić	[nienavidj'itch']	*détester*
palić	[palitch']	*fumer*
prosić	[proch'itch']	*prier*
prowadzić	[provadj'itch']	*conduire*
przynosić	[pjynoch'itch']	*apporter*
sądzić	[sôndj'itch']	*trouver*
uczyć się	[outchytch' ch'in]	*apprendre*
wchodzić	[vhʳodj'itch']	*entrer*
widzeć	[vidj'itch']	*voir*
woleć	[volètch']	*préférer*
wychodzić	[vyhʳodj'itch']	*sortir*

I.5. Les verbes en em/esz

• Exemple : **rozumieć** [rozoumiétch'], *comprendre*

	PRÉSENT		
Singulier	1. **rozumiem**	[rozoumièm]	*je comprends*
	2. **rozumiesz**	[rozoumièch]	*tu comprends*
	3. **rozumie**	[rozoumiè]	*il comprend*
Pluriel	1. **rozumiemy**	[rozoumièmy]	*nous comprenons*
	2. **rozumiecie**	[rozoumiètch'è]	*vous comprenez*
	3. **rozumieją**	[rozoumièïôn]	*ils comprennent*

PASSÉ		
Singulier		
1. **rozumiałem/łam**	[rozoumiaw'èm/w'am]	*je comprenais*
2. **rozumiałeś/łaś**	[rozoumiaw'èch'/w'ach']	*tu comprenais*
3. **rozumiał/a**	[rozoumiaw'/w'a]	*il/elle comprenait*
Pluriel		
1. **rozumieliśmy/łyśmy**	[rozoumièlich'my/w'ych'my]	*nous comprenions*
2. **rozumieliście/łyście**	[rozoumièlich'tch'è/ w'ych'tch'è]	*vous compreniez*
3. **rozumieli/ały**	[rozoumièli/aw'y]	*ils/elles comprenaient*

FUTUR			
I.	**będę rozumieć**	[bèndin rozoumiètch']	*je comprendrai*
II.	**będę rozumiał/a**	[bèndin rozoumiaw'/w'a]	*je comprendrai*

IMPÉRATIF			
2 sg.	**rozum**	[rozoum]	*comprends*
1 pl.	**rozumiejmy**	[rozoumièïmy]	*comprenons*
2 pl.	**rozumiejcie**	[rozoumièïtch'è]	*comprenez*

Autres verbes se conjuguant sur le même modèle :

umieć	[oumiètch']	*savoir* (faire quelque chose)
wiedzieć	[vièdj'ètch']	(quelque chose)

I.6. Quelques verbes irréguliers importants

(być, jeść, iść)
być [bytch'], *être*

PRÉSENT			
Singulier	1. **jestem**	[ïèstèm]	*je suis*
	2. **jesteś**	[ïèstèch']	*tu es*
	3. **jest**	[ïèst]	*il est*
Pluriel	1. **jesteśmy**	[ïèstèch'my]	*nous sommes*
	2. **jesteście**	[ïèstèch'tch'è]	*vous êtes*
	3. **są**	[sôn]	*ils sont*

PASSÉ		
Singulier		
1. **byłem/łam**	[byw'èm/w'am]	*j'étais, j'ai été*
2. **byłeś/łaś**	[byw'èch'/w'ach']	*tu étais, tu as été*
3. **był/a**	[byw'w'a]	*il/elle était / a été*
Pluriel		
1. **byliśmy/łyśmy**	[bylich'myw'ych'my]	*nous étions, nous avons été*
2. **byliście/łyście**	[bylich'tch'èw'ych'tch'è]	*vous étiez/avez été*
3. **byli/ły**	[byli/w'y]	*ils/elles étaient/ont été*

FUTUR			
Singulier	1. **będę**	[bèndin]	*je serai*
	2. **będziesz**	[bèndj'èch']	*tu seras*
	3. **będzie**	[bèndj'è]	*il sera*
Pluriel	1. **będziemy**	[bèndj'èmy]	*nous serons*
	2. **będziecie**	[bèndj'ètch'é]	*vous serez*
	3. **będą**	[bèndôn]	*ils seront*

• Notez bien : il est important de bien connaître la conjugaison de « **być** » au futur, puisque c'est elle qui sert à former tous les futurs des verbes.

IMPÉRATIF			
2 sg.	**bądź**	[bôndj]	*sois*
1 pl.	**bądźmy**	[bôndjmy]	*soyons*
2 pl.	**bądźcie**	[bôndjtch'è]	*soyez*

• **Jeść** [ïèch'tch'], *manger*

PRÉSENT					
Singulier			Pluriel		
1. **jem**	[ïèm]	*je mange*	1. **jemy**	[ïèmy]	*nous mangeons*
2. **jesz**	[ïèch]	*tu manges*	2. **jecie**	[ïètch'è]	*vous mangez*
3. **je**	[ïè]	*il mange*	3. **jedzą**	[ïèdzôn]	*ils mangent*

PASSÉ		
Singulier		
1. **jadłem/łam**	[ïadw'em/w'am]	*je mangeais*
2. **jadłeś/łaś**	[ladw'ech'/w'ach']	*tu mangeais*
3. **jadł/a**	[iadw'/w'a]	*il/elle mangeait*
Pluriel		
1. **jedliśmy/jadłyśmy**	[ïèdlich'my/ïadw'ych'my]	*nous mangions*
2. **jedliście/jadłyście**	[ïèdlich'tch'è/ïadw'ych'tchè]	*vous mangiez*
3. **jedli/jadły**	[ïèdli/ïadw'y]	*ils/elles mangeaient*

FUTUR			
I.	**będę jeść**	[bèndin ïèch'tch']	*je mangerai*
II.	**będę jadł/a**	[bèndin ïadw'/w'a]	*je mangerai*

IMPÉRATIF			
2 sg.	**jedz**	[ïèdz]	*mange*
1 pl.	**jedzmy**	[ïèdzmy]	*mangeons*
2 pl.	**jedzcie**	[ïèdztch'è]	*mangez*

• **Iść**, *aller*

PRÉSENT			
Singulier	1. **idę**	[idin]	*je vais*
	2. **idziesz**	[idj'èch]	*tu vas*
	3. **idzie**	[idj'è]	*il va*
Pluriel	1. **idziemy**	[idj'èmy]	*nous allons*
	2. **idziecie**	[idj'ètch'è]	*vous allez*
	3. **idą**	[idôn]	*ils vont*

PASSÉ		
Singulier		
1. **szedłem/szłam**	[chèdw'èm/chw'am]	*je suis allé(e)*
2. **szedłeś/szłaś**	[chèdw'èch'/chw'ach']	*tu es allé(e)*
3. **szedł/szła**	[chèdw'/chw'a]	*il/elle est allé(e)*
Pluriel		
1. **szliśmy/łyśmy**	[chlich'my/w'ych'my]	*nous sommes allés(e)*
2. **szliście/łyście**	[chlich'tch'è/w'ych'tch'è]	*vous êtes allés(e)*
3. **szli/ły**	[chli/w'y]	*ils/elles sont allés(e)*

FUTUR			
I.	**będę iść**	[bèndin ich'tch']	*j'irai*
II.	**będę szedł/szła**	[bèndin chèdw'/chw'a]	*j'irai*

IMPÉRATIF			
2 sg.	**idź**	[idj]	*va*
1 pl.	**idźmy**	[idjmy]	*allons*
2 pl.	**idźcie**	[idjtch'è]	*allez*

II Les noms

II.1. Avertissement général

Le polonais est une langue à *déclinaisons,* c'est-à-dire que les noms ont des formes *(les cas)* différentes qui dépendent de leur fonction dans la phrase.

Il existe *7 cas* qui rendent compte des différentes fonctions grammaticales possibles :

• *Nominatif :* pour le sujet de la phrase.

• *Génitif :* complément du nom, de certains verbes, des verbes à la forme négative ou après « nie ma » ; nom après certaines prépositions.

• *Datif :* complément indirect ou complément d'attribution, c'est-à-dire en réponse à la question « à qui ? », « pour qui ? ».

• *Accusatif :* complément direct de la plupart des verbes.

• *Instrumental :* complément de certains verbes, nom après le verbe être, après certaines prépositions.

• *Locatif :* nom après certaines prépositions.

• *Vocatif :* nom placé en interjection dans une adresse directe à quelqu'un. Utilisé seulement avec des noms propres.

Les cas les plus utilisés sont le *nominatif,* le *génitif,* l'*accusatif* et l'*instrumental.* Les autres ont été indiqués pour mémoire dans les tableaux ci-dessous, mais un étranger en Pologne peut très bien se faire comprendre sans les utiliser systématiquement dans un premier temps.

Les noms se déclinent sur une multitude de modèles qui comportent tous de nombreuses exceptions. Les différences proviennent de la nature des objets (personnel/non personnel), du genre des noms (féminin, masculin, neutre), de la nature de la dernière lettre du radical (voyelle/consonne – de différents types phonétiques – etc.). Les tableaux ci-dessous ne sont qu'une approximation très grossière des très nombreuses déclinaisons polonaises. On n'a pas indiqué le *vocatif*, qui n'est utilisé pratiquement qu'avec les prénoms, et dont les formes principales ont été vues p. 74. Pour une étude systématique des déclinaisons, il faut se reporter à une véritable grammaire de polonais.

II Les noms

II.2. Déclinaison des noms masculins personnels

• Exemple : **student**, *étudiant*

	Singulier			Pluriel	
N.	**student**	[stoudènt]	N.	**studenci****	[stoudèntch'i]
G.	**studenta**	[stoudènta]	G.	**studentów**	[stoudèntouf]
D.	**studentowi***	[stoudèntovi]	D.	**studentom**	[stoudèntom]
A.	**studenta**	[stoudènta]	A.	**studentów**	[stoudèntouf]
I.	**studentem**	[stoudèntèm]	I.	**studentami**	[stoudèntami]
L.	**studencie**	[stoudèntch'è]	L.	**studentach**	[stoudèntah^{r}]

* Dans certains cas, le datif singulier peut être marqué par un **–u.**
Exemples : **chłop/chłopu**, *paysan*, **chłopiec/chłopcu**, *garçon.*

** Dans certains cas, le nominatif pluriel est en **–owie.**
Exemple : **profesor/profesorowie**, *les professeurs.*

Notez bien : pour les noms masculins personnels au pluriel, l'accusatif et le génitif sont semblables.

II.3. Déclinaison des noms masculins impersonnels

	Singulier			Pluriel	
N.	**problem**	[problèm]	N.	**problemy**	[problèmy]
G.	**problemu**	[problèmou]	G.	**problemów**	[problèmouf]
D.	**problemowi**	[problèmovi]	D.	**problemom**	[problèmom]
A.	**problem**	[problèm]	A.	**problemy**	[problèmy]
I.	**problemem**	[problèmèm]	I.	**problemami**	[problèmamy]
L.	**problemie**	[problèmiè]	L.	**problemach**	[problèmah^{r}]

Notez bien : pour les noms masculins impersonnels au singulier, le nominatif et l'accusatif sont semblables.

II.4. Déclinaison des noms féminins

• Exemple : **matka**, *mère*

	Singulier			Pluriel	
N.	**matka**	[matka]	N.	**matki***	[matki]
G.	**matki**	[matki]	G.	**matek**	[matèk]
D.	**matce**	[mattsè]	D.	**matkom**	[matkom]
A.	**matkę**	[matkin]	A.	**matki***	[matki]
I.	**matką**	[matkôn]	I.	**matkami**	[matkami]
L.	**matce**	[mattsè]	L.	**matkach**	[matkah^{r}]

* Dans certains cas, le génitif singulier peut être, en **–y**; le nominatif et l'accusatif pluriel en **–e.**
Exemples : **spódnica/spódnicy**, *jupe*, **maszyna/maszyny**, *machine.*

II Les noms

II.5. Déclinaison des noms neutres

• Exemple : **piwo**, *bière*

Singulier		Pluriel	
N. **piwo**	[pivo]	N. **piwa**	[piva]
G. **piwa**	[piva]	G. **piw**	[piv]
D. **piwu**	[pivou]	D. **piwom**	[pivom]
A. **piwo**	[pivo]	A. **piwa**	[piva]
I. **piwem**	[pivèm]	I. **piwami**	[pivami]
L. **piwie**	[piviè]	L. **piwach**	[pivah^{r}]

Notez bien : pour les noms neutres, le nominatif et l'accusatif sont toujours semblables (au singulier et au pluriel).

III Les prépositions

III.1. Les prépositions + accusatif

w (+ jour de la semaine)
w niedzielę [v nièdj'èlè] — *dimanche*

w (+ direction) — *vers, à*
jadę w górę [ïadin w gourin] — *je vais vers le haut* (je monte)

na (+ direction) — *vers, à*
idę na film [idin na film] — *je vais* (voir) *un film*

na (après des verbes indiquant une attention vers qqn ou qqch)
czekam na Piotra [tchèkam na Piotra] — *j'attends Piotr*

przez (+ lieu) — *à travers, par*
idę przez las [idin pjèz las] — *je marche à travers la forêt*

III.2. Les prépositions + génitif

do — *à, vers, jusqu'à*
zostaję tu do soboty [zostaïin tou do soboty] — *je reste ici jusqu'à samedi*

od — *de, depuis*
on jest chory od tygodnia [on ïest h^{r}ory od tygodnia] — *il est malade depuis une semaine*

u — *chez*
ona jest u swojej siostry [ona ïest ou svoïèï ch'ostry] — *elle est chez sa sœur*

III Les prépositions

obole — *près de*
obok hotelu jest restauracja — *il y a un restaurant près de l'hôtel*
[obok hʳotèlou ïèst restaouratsïa]

dla — *pour*
on pracuje dla tej firmy — *il travaille pour cette firme*
[on pratsouïè dla teï firmy]

z — *de*
oni przyjechali z Krakowa — *ils sont venus de Cracovie*
[oni pjyïéhʳ ali z Krakova]

III.3. Les prépositions + instrumental

z/ze — *avec*
ona jest z mamą — *elle est avec sa mère*
[ona ïèst z mamôn]

za — *derrière*
za domem jest ogród — *le jardin est derrière la maison*
[za domêm ïèst ogroud]

przed — *devant*
student jest przed tablicą — *un étudiant est devant le tableau*
[stoudènt ïèst pjèd tablitsôn]

pod — *sous*
on jest pod stołem — *il est sous la table*
[on ïest pod stow'èm]

III.4. Les prépositions + locatif

w (+ lieux) — *à, au, en* (situation sans mouvement)
pracuję w domu — *je travaille à la maison*
[pratsouïe v domou]

w (+ habits) — *en*
ona jest w spodniach — *elle est en pantalon*
[ona ïest v spodniahʳ]

w (+ unités de temps) — *en/au*
(sauf jours de la semaine, pour lesquels on utilise w + accusatif)
w listopadzie — *en novembre*
[v listopadj'è]

na (+ lieux) — *sur* (situation sans mouvement)
zeszyt lest na stole — *le cahier est sur la table*
[zéchyt ïèst na stolè]

o — *de, au sujet de*
oni mówią o Piotrze — *ils parlent de Piotr*
[oni mouviôn o Piotjè]

o (godzinie) — *à ... heure*
o której godzinie ? — *à quelle heure?*
[o ktourèï godj inié ?]

Lexique polonais/français

adres m.	*adresse*
albo	*ou*
aleja f.	*avenue*
apteka f.	*pharmacie*
aula f.	*cour*
autobus m.	*autobus*
autostrada f.	*autoroute*
babcia f.	*grand-mère*
bagaż m.	*bagage*
banan m.	*banane*
bank m.	*banque*
bankier m.	*banquier*
bardzo	*très*
basen m.	*piscine*
bawełna f.	*coton*
bawić (się) imp. **(-ię, -isz)**	*amuser (s')*
bezrobocie n.	*chômage*
bezrobotny m.	*chômeur*
biały, -a	*blanc, -che*
biedny, -a	*pauvre*
bilet m.	*ticket*
biuro n.	*bureau*
biznesmen m.	*homme d'affaires*
biżuteria f.	*bijoux*
blisko	*près*
blondyn m.	*blond*
blondynka f.	*blonde*
bluzka f.	*chemisier*
błąd m.	*erreur*
bo	*parce que*
Boże Narodzenie	*Noël*
brać imp. **(biorę, bierzesz)**	*prendre*
brakować imp. **(-uje)**	*manquer*
brama f.	*porche*
bransoletka f.	*bracelet*
brat m.	*frère*
bratanek m.	*neveu (par le frère)*
bratanica f.	*nièce (par le frère)*
brązowy, -a	*marron*
brudny, -a	*sale*
brunet m.	*brun*
brunetka f.	*brune*
brzoskwinia m.	*pêche*
brzuch m.	*ventre*
brzydki, -a	*laid, -e*
budynek m.	*bâtiment*
budzić (się) imp. **(-ę, -isz)**	*réveiller (se)*
budzik m.	*réveil*
burza f.	*orage*
but m.	*chaussure*
butelka f.	*bouteille*
buzia f.	*bouche*
być	*être*
całować, imp. **(-uje, -ujesz)**	*embrasser*
cały, -a	*tout, -e*
camping m.	*camping*
cebula f.	*oignon*
cena f.	*prix*
centrum n.	*centre*
chętnie	*volontiers*
chcieć imp. **(chcę, chcesz)**	*vouloir*
chleb m.	*pain*
chłop m.	*paysan*
chłopiec m.	*garçon*
chmura f.	*nuage*
chodnik m.	*trottoir*
chodzić imp. **(chodzę, chodzisz)**	*aller (à pied)*
choroba f.	*maladie*
chorować imp. **(uję, -ujesz)**	*malade (être)*
chory, -a	*malade*
chusteczka f.	*mouchoir*
chwila f.	*instant*
chyba	*sans doute*
ciastko n.	*biscuit*
ciasto n.	*gâteau*
ciekawy, -a	*curieux, -se*
ciepły,-ła	*chaud, -e*
cieszyć (się) (-szę, -szysz)	*réjouir (se)*
ciężki, -a	*lourd, -e*
ciotka f.	*tante*
córka f.	*fille*
cukier m.	*sucre*
cytryna f.	*citron*
czapka f.	*casquette*
czarny, -a	*noir, -e*
czas m.	*temps*
czek m.	*chèque*
czekać imp. **(-am, -asz)**	*attendre*
czekolada f.	*chocolat*
czerwiec m.	*juin*
czerwony, -a	*rouge*
często	*souvent*
czuć (się) imp. **(-uję, -ujesz)**	*sentir (se)*
czwartek m.	*jeudi*
czy	*est-ce que*
czytać imp. **(-am, -asz)**	*lire*
ćwiczenie n.	*exercice*
ćwierć f.	*quart*
dać perf. **(-am, -asz)**	*donner*
daleko	*loin*
danie n.	*plat*
dawać. imp. **(daję, dajesz)**	*donner*
dawniej	*autrefois*
dąb m.	*chêne*
demonstracja f.	*manifestation*
dentysta m.	*dentiste*
deser m.	*dessert*
deszcz m.	*pluie*
deszczowy, -a	*pluvieux, -se*
dla +gén.	*pour*
dlaczego	*pourquoi*
dlatego że	*parce que*
długi, -a	*long, -ue*
długo	*longtemps*

Lexique polonais/français

długopis m.	*stylo à bille*
do + gén.	*à*
do + gén.	*vers*
dobry, -a	*bon, bonne*
dobrze	*bien*
dojechać perf. **(dojadę, dojedziesz)**	*arriver à*
dojść perf. **(dojdę, dojdziesz)**	*arriver (à pied)*
dokąd	*vers où*
dom m.	*maison*
dorosły, -a	*adulte*
dostać perf. **(-nę, -niesz)**	*recevoir*
dostawać imp. **(-aję, -ajesz)**	*recevoir*
dotykać imp. **(-am, -asz)**	*toucher*
dowcip m.	*plaisanterie*
droga f.	*route*
drogi, -a	*cher, chère*
drogo	*cher*
drugi, -a	*deuxième*
drużyna f.	*équipe*
drzewo n.	*arbre*
drzwi pl.	*porte*
dumny, -a	*fier, fière*
dusić (się) imp. **(-szę, -sisz)**	*suffoquer*
dużo	*beaucoup*
duży, -a	*grand, -e*
dworzec m.	*gare*
dyskoteka f.	*discothèque*
dywan m	*tapis*
dziadek m.	*grand-père*
dziadkowie pluriel	*grands-parents*
dzialać imp. **(-am, -asz)**	*fonctiormer*
działalność f.	*activité*
dzieci pl.	*enfants*
dziecko n.	*enfant*
dzielnica f.	*quartier*
dzień m.	*jour*
dziewczyna f.	*fille*
dziewczynka f.	*fillette*
dziękować imp. **(-uję, -ujesz)**	*remercier*
dzisiaj	*aujourd'hui*
dziś	*aujourd'hui*
dziura f.	*trou*
dzwonek m.	*sonnette*
dzwonić imp. **(-ię, -isz)**	*sonner*
egzamin m.	*examen*
ekonomista m.	*économiste*
ekspres m.	*express*
elegancki, -a	*élégant, -e*
elektryk m.	*électricien*
fabryka f.	*usine*
farba f.	*couleur*
farma f.	*ferme*
film m.	*film*
firanka f.	*rideau*
flaga f.	*drapeau*
fotel m.	*fauteuil*
Francuzka f.	*française*
Francuz m.	*français*
fryzjer m.	*coiffeur*
garnek m.	*casserole*
garnitur m.	*complet*
gatunek m.	*qualité*
gazeta f.	*journal*
gdzie	*où*
głodny, -a	*affamé, -e*
głosować m. **(-uje, -ujesz)**	*voter*
głośno	*fort (son)*
głowa f.	*tête*
główny, -a	*principal, -e*
godzina f.	*heure*
gość m.	*hôte*
gotować imp. **(-uje, -ujesz)**	*faire la cuisine*
gotówka f.	*argent liquide*
grać imp. **(-am, -asz)**	*jouer*
grad m.	*grêle*
granica f.	*frontière*
gruby, -a	*gros, -se*
grudzień m.	*décembre*
grupa f.	*groupe*
gruszka f.	*poire*
grypa f.	*grippe*
gubić imp. **(-ię, -isz)**	*égarer*
hałas m.	*bruit*
herbata f.	*thé*
hotel m.	*hôtel*
hrabia m.	*comte*
hrabina f.	*comtesse*
imieniny pl.-	*fête*
imię n.	*prénom*
impreza f.	*réception*
inaczej	*autrement*
inflacja f.	*inflation*
informacja f.	*information*
informatyka f.	*informatique*
inny, -a	*autre*
inżynier m.	*ingénieur*
iść imp. **(idę, idziesz)**	*aller (à pied)*
jabłko n.	*pomme*
jadalnia f.	*salle à manger*
jajecznica f.	*omelette*
jajko n.	*œuf*
jak	*comment*
jaki, -a	*quel, quelle*
jarzyna f.	*légume*
jasny, -a	*clair, -e*
jechać imp. **(jadę, jedziesz)**	*aller (en voiture, en train)*
jeden, jedna	*un, une*
jednak	*cependant*
jedyny, -a	*unique*
jesień f.	*automne*
jeszcze	*encore*
jeść imp. **(jem, jesz)**	*manger*
jezioro n.	*un lac*

Lexique polonais/français

jezdzić imp.**(-ę, -isz)** *aller (en voiture, en train)*
język m. *langue*
jutro *demain*
już *déjà*
kaczka f. *canard*
kajak m. *kayak*
kalesony pl. *caleçon*
kalkulator m. *calculette*
kanapa f. *divan*
kanapka f. *sandwich*
kapelusz m. *chapeau*
kapusta f. *chou*
karetka f. *ambulance*
kasa f. *caisse*
kasjer m. *caissier*
kasjerka f *caissière*
kaszlać imp. **(-szię, -sziesz)** *tousser*
katar m. *rhume*
kawa f. *café*
kawaler m. *célibataire (homme)*
kawalek m. *morceau*
każdy, -a *chaque*
kapać (się) imp. **(-i, -iesz)** *baigner (se)*
kiedy *quand*
kiełbasa f. *saucisse*
kierować imp. **(-uję, -ujesz)** *conduire*
kieszeń f. *poche*
kino n. *cinéma*
kiosk m. *kiosque*
kioskarz m. *kioskiste*
klatka piersiowa f. *poitrine*
klucz m. *clé*
kłaść (się) imp. **(kład, kładziesz)** *coucher (se)*
kobieta f. *femme*
kochać imp. **(-am, asz)** *aimer*
kogut m. *coq*
kolacja f. *dîner*
kolczyk m. *boucle d'oreille*
kolega m. *ami*
kolej f. *chemin de fer*
kolejka linowa f. *téléphérique*
koleżanka f. *amie*
kominek m. *cheminée*
komisariat m. commissariat
komputer m. *ordinateur*
konczyć imp. **(-ę, -ysz)** *terminer (se)*
konfitury pl. *confiture*
koniec m. *fin*
konto n. *compte*
koń m. *cheval*
korek m. *embouteillage*
korona f. *couronne*
kort (tenisowy) m. *court (de tennis)*
korytarz m. *couloir*
kosztować imp. **(-uję, -ujesz)** *coûter*
koszula f. *chemise*
kościoł m. *église*
kot m. *chat*
kotlet m. *côtelette*
kran m. *robinet*
krawat m. *cravate*
krew f. *sang*
krowa f. *vache*
król m. *roi*
królestwo n. *royaume*
królowa f. *reine*
krótki, -a *court, -e*
kresło n. *chaise*
książka f. *livre*
książę m. *prince*
książka telefoniczna f. *annuaire*
księstwo n. *duché*
księżniczka *princesse*
który, -a *quel, quelle*
kuchenka f. *cuisinière*
kuchnia f. *cuisine*
kupić perf. **(-ię, -isz)** *acheter*
kupować imp. **(-uję, -ujesz)** *acheter*
kura f. *poule*
kurtka *veste*
kuzyn m. *cousin*
kuzynka f. *cousine*
kwiarciarka f. *fleuriste*
kwiat m. *fleur*
kwiecień *avril*
lampa f. *lampe*
las m. *forêt*
lata pl. *années*
latać imp. **(-am, -asz)** *aller (en avion)*
lato n. *été*
lecieć perf. **(-ę, -isz)** *aller (en avion)*
lekarstwo n. *médicament*
lekarz m. *médecin*
lekcja f. *leçon*
lekki, -a *léger, -ère*
leniwy, -a *paresseux*
lewo (na) *gauche (à)*
lewo (w) *gauche (à)*
liceum n. *lycée*
liczyć imp. **(-ę, -ysz)** *compter*
linia f. *ligne*
lipiec m. *juillet*
list m. *lettre*
listonosz m. *facteur*
listopad m. *novembre*
lodówka f. *réfrigérateur*
lody pl. *glace*
lotnisko n. *aéroport*
lubić imp. **(-ię, -isz)** *aimer bien*
ludzie pl. *gens*
luty *février*
łabędź m. *cygne*
ładny, -a *joli, -e*

Lexique polonais/français

łazienka f.	*salle de bains*
łaczyć imp.**(-ę, -ysz)**	*réunir*
łowić imp. **(-ię, -isz)**	*pêcher*
łóżko n.	*lit*
łyżeczka f.	*cuillère (petite)*
łyżka f.	*cuillère*
maj m.	*mai*
majątek m.	*fortune*
majtki pl.	*culotte*
malować imp. **(-uję, -ujesz)**	*peindre*
mały, -a	*petit, -e*
mama f.	*maman*
mandat m.	*amende*
marchewka f.	*carotte*
martwić (się) imp. **(-ię, -isz)**	*faire du souci (se)*
martwy, -a	*mort, -e*
marynarka f.	*veston*
marzec m.	*mars*
masło n.	*beurre*
matka f.	*mère*
mąż m.	*mari*
mebel m.	*meuble*
mecz m.	*match*
mężczyzna m.	*homme*
mgła f.	*brouillard*
miasteczko n.	*village*
miasto n.	*ville*
mieć imp. **(mam, masz)**	*avoir*
miejsce n.	*place*
miesiąc m.	*mois*
mieszkać imp. **(-am, -asz)**	*habiter*
mieszkanie n.	*appartement*
mięso n.	*viande*
milczeć imp. **(-ę, -ysz)**	*taire (se)*
miłość f.	*amour*
ministerstwo n.	*ministère*
minuta f.	*minute*
mleko n.	*lait*
młody, -a	*jeune*
młodzieniec m.	*adolescent*
mokry, -a	*humide*
morze n.	*mer*
możliwość f.	*possibilité*
móc imp. **(mogę, możesz)**	*pouvoir*
mój, moja	*mon, ma*
mówić imp. **(-ię, -isz)**	*dire*
musieć imp. **(muszę, musisz)**	*devoir*
musztarda f.	*moutarde*
muzeum n.	*musée*
muzyka f.	*musique*
myć (się) imp. **(myję się, myjesz się)**	*laver (se)*
myć imp. **(myję, myjesz)**	*laver*
mydło n.	*savon*
mylić (się) imp. **(-ę, -isz)**	*tromper (se)*
myśleć imp. **(-ę, -isz)**	*penser*
na +acc.	*vers*
na +loc.	*sur*
nadzieja f.	*espoir*
nagrać perf. **(-am, -asz)**	*enregistrer*
namiot m.	*tente*
napić (się) perf. **(-iję, -ijesz)**	*boire*
napisać perf. **(-szę, -szesz)**	*écrire*
napiwek m.	*pourboire*
napój m.	*boisson*
naprawdę	*vraiment*
nareszcie	*enfin*
narta f.	*ski*
narzeczony, -a	*fiancé, -e*
narzędzie n.	*outil*
naszyjnik m.	*collier*
nauczyciel m.	*instituteur*
nauczycielka f.	*institutrice*
nauczyć (się) perf. **(-ę, -ysz)**	*apprendre*
nazwisko n.	*nom*
nazywać (się) imp. **(-am, -asz)**	*appeler (s')*
niebieski, -a	*bleu, -e*
niebo n.	*ciel*
niedziela f.	*dimanche*
niemowlę n.	*bébé*
nienawidzić imp. **(ę, -isz)**	*détester*
niespodzianka f.	*surprise*
niestety	*malheureusement*
nieść imp. **(niosę, niesiesz)**	*porter*
nigdy	*jamais*
nigdzie	*nulle part*
noc f.	*nuit*
noga f.	*jambe*
nos m.	*nez*
nowoczesny, -a	*moderne*
nowy, -a	*neuf, neuve*
nóż m.	*couteau*
nudny, -a	*ennuyeux, -se*
nudzić (się) perf. **(-ę, -isz)**	*ennuyer (s')*
numer m.	*numéro*
o +loc.	*au sujet de*
obejrzeć perf. **(-ę, -ysz)**	*regarder*
obiad m.	*déjeuner*
obok +gén.	*à côté de*
obok +gén.	*près de*
obóz m.	*camp*
ochota f.	*envie*
oczy pl.	*yeux*
od +gén.	*de (origine)*
od +gén.	*depuis*
odchodzić imp. **(-ę, -isz)**	*sortir, quitter (à pied)*
odejść perf. **(odejdę, odejdziesz)**	*quitter (à pied)*
odjeżdżać imp. **(-am, -asz)**	*démarrer*
odlatywać imp. **(-uję, -ujesz)**	*décoller*
odlecieć perf. **(ę, -isz)**	*décoller*
odlot m.	*départ (en avion)*
odpocząć perf. **(cznę, czniesz)**	*reposer (se)*
odpoczywać imp. **(-am, -asz)**	*reposer (se)*
odwołać perf. **(-am, -asz)**	*annuler*

Lexique polonais/français

oglądać imp. **(-am, -asz)**	*regarder*
ognisko n.	*feu*
ogórek m.	*concombre*
ogród m.	*jardin*
ojciec m.	*père*
okno n.	*fenêtre*
oko n.	*œil*
okulary pl.	*lunettes*
olej m.	*huile*
opalać (się) imp. **(-am, -asz)**	*bronzer*
operacja f.	*opération*
opowiadać imp. **(-am, asz)**	*raconter*
opowiedzieć perf. **(opowiem, opowiesz)**	*raconter*
osoba f.	*personne*
ostatni, -nia	*dernier, -ère*
oto	*voilà*
otwarcie n.	*ouverture*
otwierać imp. **(-am, -asz)**	*ouvrir*
otworzyć perf. **(-ę, -ysz)**	*ouvrir*
owoc m.	*fruit*
ożenić (się) perf. **(-ię, -isz)**	*marier (se) (homme)*
padać imp. **(-am, -asz)**	*tomber*
palec m.	*doigt*
palić imp. **(-ę, -isz)**	*fumer*
pamięć (na)	*cœur (par)*
pamięć f.	*mémoire*
pamiętać imp. **(-am, -asz)**	*souvenir (se)*
Pan m.	*Monsieur*
Pani f.	*Madame*
panna f.	*célibataire (femme)*
papież m.	*pape*
parasol m.	*parapluie*
park m.	*parc*
partia f.	*parti*
pasek m.	*ceinture*
paść perf. **(padnę, padniesz)**	*tomber*
patrzeć imp. **(-ę, -ysz)**	*regarder*
paździemik m.	*octobre*
pensja f.	*salaire*
personel m.	*personnel*
pewien, pewna	*sûr, sure*
piasek m.	*sable*
piątek m.	*vendredi*
pić imp. **(piję, pijesz)**	*boire*
piechotą	*pied (à)*
pieczeń f.	*rôti*
pielęgniarka f.	*infirmière*
pieniądze m.	*argent*
pieprz m.	*poivre*
pierścionek m.	*bague*
pierwszy, -a	*premier*
pies m.	*cher*
pieszy m.	*piéton*
piękny, -a	*beau, belle*
piętro n.	*étage*
pilnować imp. **(-uję, -ujesz)**	*surveiller*
piłka nożna f.	*football*
piosenka f.	*chanson*
pisać imp. **(-sz, -szesz)**	*écrire*
piwo n.	*bière*
piżama f.	*pyjama*
plaża f.	*plage*
płacić imp. **(-ę, -isz)**	*payer*
płakać imp. **(-czę, -czesz)**	*pleurer*
płaszcz m.	*manteau*
pływać imp. **(-am, -asz)**	*nager*
pochmurny, -a	*nuageux, -se*
pociąg m.	*train*
pociąg osobowy m.	*omnibus*
początek m.	*début*
poczekać perf. **(-am, -asz)**	*attendre*
poczta f.	*poste*
pod +instr.	*sous*
podać perf. **(-am, asz)**	*donner*
podawać imp. **(-aj, -ajesz)**	*servir*
podobać (się) imp. **(-am, -asz)**	*plaire*
podpis m.	*signature*
podróżować imp. **(-uję, -ujesz)**	*voyager*
podróż f.	*voyage*
podziękować perf. **(-uję, -ujesz)**	*remercier*
pogoda f.	*temps (météo)*
pojutrże	*après-demain*
pokazać perf. **(-żę, -żesz)**	*montrer*
pokój m.	*chambre*
pole n.	*champ*
Polak m.	*Polonais*
policja	*police*
policjant m.	*policier*
politechnika f.	*école polytechnique*
Polka f.	*Polonaise*
polować imp. **(-uję, -ujesz)**	*chasser*
polubić perf. **(-ię, -isz)**	*aimer bien*
połączyć perf. **(-ę, -ysz)**	*réunir*
południe n.	*midi*
południe n.	*sud*
pomagać imp. **(-am, -asz)**	*aider*
pomarańcza f.	*orange*
pomidor m.	*tomate*
pomnik m.	*monument*
pomóc perf. **(pomogę, pomożesz)**	*aider*
pomylić (się) perf. **(-ę, -isz)**	*tromper (se)*
pomyśleć perf. **(-ę, -isz)**	*penser*
poniedzialek m.	*lundi*
ponieważ	*parce que*
popielniczka f.	*cendrier*
popołudnie n.	*après-midi*
poprosić perf. **(-szę, sisz)**	*prier*
poseł m.	*député*
posiłek m.	*repas*
potem	*ensuite*
potrwać perf. **(-am, -asz)**	*durer*

Lexique polonais/français

powiedzieć perf. (**powiem, powiesz**) — *dire*
powietrze n. — *air*
powódz f. — *inondation*
pozdrawiać imp. (**-am, -asz**) — *saluer*
pozdrowić perf. (**-ię, -isz**) — *saluer*
pozdrowienie n. — *salutation*
poznać perf. (**-am, -asz**) — *faire connaissance*
pożar m. — *incendie*
pójść perf. (**pójdę, pójdziesz**) — *aller (à pied)*
pół — *demi*
półka f. — *étagère*
północ f. — *minuit*
północ f. — *nord*
półtora — *un et demi*
pózno — *tard*
praca f. — *travail*
pracować imp. (**-uję, -ujesz**) — *travailler*
prać imp. (**piorę, pierzesz**) — *faire la lessive*
pralka f. — *machine à laver*
prasować imp. (**-uję, -ujesz**) — *repasser*
prawie — *presque*
prawo (na) — *droite (à)*
prawo (w) — *droite (à)*
prawo jazdy n. — *permis de conduire*
prawo n. — *droit*
Premier m. — *premier ministre*
prezent m. — *cadeau*
Prezydent m. — *président*
problem m. — *problème*
profesor m. — *professeur*
prosić imp. (**-szę, -sisz**) — *prier*
prosto — *tout droit*
prowadzić imp. (**-ę, -isz**) — *conduire*
próbować imp. (**-uję, -ujesz**) — *essayer*
prysznic m. — *douche*
przechodzić imp. (**-ę, -isz**) — *traverser*
przeczytać perf. (**-am, -asz**) — *lire*
przed +instr. — *avant*
przed +instr. — *devant*
przedmieście n. — *banlieue*
przedstawiać imp. (**-am, -asz**) — *présenter*
przedstawić perf. (**-ię, -isz**) — *présenter*
przedwczoraj — *avant-hier*
przegrać perf. (**-am, -asz**) — *perdre (jeu)*
przejście n. — *passage clouté*
przejść perf. (**przejdę, przejdziesz**) — *traverser*
przekazać perf. (**-żę, -żesz**) — *transmettre*
przerwa f. — *pause*
przenywać perf. (**-am, -asz**) — *interrompre*
przez +acc. — *par*
przychodzić imp. (**dzę, -isz**) — *arriver (à pied)*
przyjaciel m. — *ami*
przyjaciółka f. — *amie*
przyjaźń f. — *amitié*
przyjechać perf. (**-jadę, -jedziesz**) — *arriver (en voiture, en train)*
przyjemność f. — *plaisir*
przyjeżdżać imp. (**-am, -asz**) — *arriver (en voilure, en train)*
przyjść perf. (**przyjdę, przyjdziesz**) — *arriver (à pied)*
przykład m. — *exemple*
przylot m. — *arrivée (en avion)*
przynieść perf. (**-niosę, -niesiesz**) — *apporter*
przynosić imp. (**-szę, -sisz**) — *apporter*
przystanek m. — *arrêt (d'autobus)*
przystawka f. — *hors-d'oeuvre*
przyszłość f. — *futur*
przyszły — *prochain, -e*
pukać imp. (**-am, -asz**) — *frapper*
punktualnie — *ponctuellement*
pytać imp. (**-am, -asz**) — *demander*
rachunek m. — *addition*
raczej — *plutôt*
rakieta tenisowa f. — *raquette*
ramię n. — *bras*
rano n. — *matin*
razem — *ensemble*
recepcja f. — *réception*
recepta f. — *ordonnance*
restauracja f. — *restaurant*
rezerwacja f. — *réservation*
rezerwować imp. (**-uje, -ujesz**) — *réserver*
ręcznik m. — *serviette*
ręka f. — *main*
rękawiczka f. — *gant*
robić imp. (**-ię, -isz**) — *faire*
robota f. — *travail*
robotnik m. — *ouvrier*
rodzice pl. — *parents*
rodzina f. — *famille*
rok m. — *année*
rondo n. — *rond-point*
rosół m. — *bouillon*
rower m. — *bicyclette*
rozbierać (się) imp. (**-am, -asz**) — *déshabiller (se)*
rozerwać (się) perf. (**-am, -asz**) — *distraire (se)*
rozkład m. — *horaire*
rozkłączyć (się) perf. (**-ę. -ysz**) — *raccrocher*
rozmawiać imp. (**-am, -asz**) — *parler*
rozmiar m. — *taille*
rozumieć imp. (**-em, -esz**) — *comprendre*
rozwiedziony, -a — *divorcé, -e*
rozwieść (się) perf. (**-wiodę, -wiedziesz**) — *divorcer*
rozwód m. — *divorce*

Lexique polonais/français

róg m.	*coin*
różowy, -a	*rose*
ryba f.	*poisson*
rynek m.	*marché*
rzadki, -a	*rare*
rząd m.	*gouvernement*
rzecz f.	*chose*
rzeka f.	*rivière*
sałata f.	*salade*
sam, sama	*seul, -e*
sam (ten), sama (ta)	*même (le, la)*
samochód m.	*voiture*
samolot m.	*avion*
sądzić imp. **(-ię, -isz)**	*trouver, sentir*
sąsiad m.	*voisin*
schab m.	*filet de porc*
schody	*escalier*
schodzić imp. **(-ę, -isz)**	*descendre (à pied)*
sejm m.	*diète*
sekretarka m.	*secrétaire*
sen m.	*sommeil*
senat m.	*sénat*
senator m.	*sénateur*
ser m.	*fromage*
serce m.	*cœur*
serdecznie	*sincèrement*
serwetka f.	*serviette*
siadać imp. **(-am, -asz)**	*asseoir (s')*
siatkówka f.	*volley-ball*
siedzieć imp. **(-ę, -isz)**	*assis (être)*
sierpień m.	*août*
silny, -a	*fort, -e*
siostra f.	*sœur*
siostrzenica f.	*nièce (par la sœur)*
siostrzeniec m.	*neveu (par la sœur)*
skarpeta f.	*chaussettes*
sklep m.	*magasin*
sklep mięsny m.	*boucherie*
sklep spożywczy m.	*épicerie*
sklep z wędlinami m.	*charcuterie*
skoczyć perf. **(-ę, -ysz)**	*sauter*
skończyć perf. **(-ę, -ysz)**	*finir*
skóra f.	*peau*
skręcać imp. **(-am, -asz)**	*tourner*
skręcić perf. **(-ę, -isz)**	*tourner*
słoneczny, -a	*ensoleillé, -e*
słońce n.	*soleil*
słownik m.	*dictionnaire*
słowo n.	*mot*
słuchać imp. **(-am, -asz)**	*écouter*
smutny, -a	*triste*
sobota f.	*samedi*
sól m.	*sel*
spacerować imp. **(-uję, -ujesz)**	*promener (se)*
spać imp. **(śpię, śpisz)**	*dormir*
spodnie pl.	*pantalon*

spotkanie n.	*rencontre*
spódnica f.	*jupe*
spóźniony	*retard (en)*
sprawa f.	*affaire*
spróbować perf. **(-uję, -ujesz)**	*essayer*
sprzedać perf. **(-am, -asz)**	*vendre*
sprzedawać imp. **(-aję, -ajesz)**	*vendre*
sprzedawca m.	*vendeur*
sprzedawczyni f.	*vendeuse*
stać imp. **(stoję, stoisz)**	*debout (être)*
stary, -a	*vieux, vieille*
starzeć (się) imp. **(-eję, -ejesz)**	*vieillir*
statek m.	*bateau*
stąd	*d'ici*
stołówka f.	*cantine*
stopa f.	*pied*
stół m.	*table*
stracić perf. **(-ę, -isz)**	*perdre*
student m.	*étudiant*
studentka f.	*étudiante*
studiować imp. **(-uję, -ujesz)**	*étudier*
styczeń m.	*janvier*
suchy, -a	*sec, sèche*
sukienka f.	*robe*
susza f.	*sécheresse*
sweter m.	*chandail*
syn m.	*fils*
sypialnia	*chambre à coucher*
szafa f.	*armoire*
szalik m.	*écharpe*
szczęście n.	*bonheur*
szczęśliwy, -a	*heureux, -se*
szczupły, -a	*mince*
szef m.	*patron*
szklanka f.	*verre*
szkoła f.	*école*
szkoła podstawowa f.	*école primaire*
szlachcic m.	*noble*
szlachta f.	*noblesse*
szpinak m.	*épinard*
szpital m.	*hôpital*
sztuka f.	*pièce*
szuflada f.	*tiroir*
szukać imp. **(-am, -asz)**	*chercher*
szynka f.	*jambon*
ściana f.	*mur*
śmiać (się) imp. **(śmieję, śmiejesz)**	*rire*
śniadanie n.	*petit déjeuner*
śnieg m.	*neige*
śpiewać imp. **(-am, -asz)**	*chanter*
środa f.	*mercredi*
światło n.	*lumière*

Lexique polonais/français

świeży, -a	*frais, fraîche*
święto n.	*fête*
świnia f.	*cochon*
taksówka f.	*taxi*
taksówkarz m.	*chauffeur de taxi*
talerz m.	*assiette*
tam	*là*
taniec m.	*danse*
tanio	*bon marché*
tańczyć imp. **(-ę, -ysz)**	*danser*
tata m.	*papa*
teatr m.	*théâtre*
telefon m.	*téléphone*
telewizja f.	*télévision*
tenis m.	*tennis*
tkanina f.	*tissu*
tłumaczyć imp. **(-ę, -ysz)**	*traduire*
torba f.	*sac*
torebka f.	*sac à main*
tramwaj m.	*tramway*
trudny, -a	*difficile*
trwać imp. **(-am, -asz)**	*durer*
trzeba	*faut (il)*
trzeci, -a	*troisième*
tu	*ici*
twarz f.	*visage*
twierdzić imp. **(-ę, -isz)**	*affirmer*
tydzień m.	*semaine*
tylko	*seulement*
u +gén.	*chez*
ubierać (się) imp. **(-am, -asz)**	*habiller (s')*
ubrać (się) perf. **(ubiorę, ubierzesz)**	*habiller (s')*
ubranie n.	*vêtement*
ucałowanie *n.*	*baiser*
ucho n.	*oreille*
uczeń m.	*élève*
uczyć (się) imp. **(-ę, -ysz)**	*apprendre*
ulica f.	*rue*
ulubiony, -a	*préféré, -e*
umieć imp. **(-em, -esz)**	*savoir*
umierać imp. **(-am, -asz)**	*mourir*
umrzeć perf. **(umrę, umrzesz)**	*mourir*
umyć (się) (-yję, -yjesz)	*laver (se)*
umywalka f.	*lavabo*
uniwersytet m.	*université*
upał m.	*canicule*
upić (się) perf. **(-iję, -ijesz)**	*soûler (se)*
urodziny pl.	*anniversaire*
urzędniczka f.	*employée*
urzędnik m.	*employé*
utworzyć perf. **(-ę, -ysz)**	*créer*
uwaga f.	*attention*
uważać imp. **(-am, -are)**	*faire attention*
uwielbiać imp. **(-am, -asz)**	*adorer*
w/we +loc.	*à*
w/we +loc.	*dans*
wagon m.	*wagon*
wagon restauracyjny m.	*wagon-restaurant*
wagon sypialny m.	*wagon-lit*
wakacje pl.	*vacances*
walizka f.	*valise*
wanna f.	*baignoire*
warzywa f.	*légume*
wchodzić imp. **(-ę, -isz)**	*entrer*
wcześnie	*tôt*
wczoraj	*hier*
wdowa f.	*veuve*
wdowiec m.	*veuf*
we +loc.	*dans*
we +loc.	*en*
wejście n.	*entrée*
wejśc perf. **(wejdę, wejdziesz)**	*entrer*
wełna f.	*laine*
wiadomość f.	*nouvelle*
wiatr m.	*vent*
widelec m.	*fourchette*
widzieć imp. **(-ę, -isz)**	*voir*
wieczór m.	*soir*
wiedzieć imp. **(wiem, wiesz)**	*savoir*
wiek m.	
Wielkanoc	*Pâques*
wieś f.	*village*
więcej	*plus*
winda f.	*ascenseur*
wino n.	*vin*
wiosna f.	*printemps*
wnuczek m.	*petit-fils*
wnuczka f.	*petite-fille*
woda f.	*eau*
wojna f.	*guerre*
woleć imp. **(-ę, -isz)**	*préférer*
wolność f.	*liberté*
wolny, -a	*libre*
wołowina f.	*bœuf*
wódka f.	*vodka*
wracać imp. **(-am, -asz)**	*revenir*
wrócić perf. **(-ę, -isz)**	*revenir*
wrzesień m.	*septembre*
wschód m.	*l'est*
wspaniały, -a	*merveilleux, -se*
współczesny, -a	*contemporain, -e*
wstawać imp. **(wstaję, wstajesz)**	*lever (se)*
wtorek m.	*mardi*
wujek m.	*oncle*
wybierać imp. **(-am, -asz)**	*choisir*
wybrać perf. **(-biorę, -bierzesz)**	*choisir*
wychodzić imp. **(-ę, -isz)**	*sortir (à pied)*
wydarzenie n.	*événement*
wydział m.	*faculté*
wygodny, -a	*confortable*
wygrać perf. **(-am, -asz)**	*gagner (jeu)*

Lexique polonais/français

wyjechać perf. **(-jadę, -jedziesz)**	*partir (en voiture, en train)*
wyjeżdżać imp. **(-am, -asz)**	*partir (en voiture, en train)*
wyjście n.	*sortie*
wyjść perf. **(wyjdę, wyjdziesz)**	*sortir (à pied)*
wyjść za mąż perf.	*marier (se) (femme)*
wykąpać (się) part. **(-ię, -esz)**	*baigner (se)*
wykład m.	*cours*
wymienić imp. **(-am, -asz)**	*échanger*
wymieniac perf. **(-ię, -isz)**	*échanger*
wynajmować imp. **(-uję, -ujesz)**	*louer*
wynik m.	*résultat*
wypadek m.	*accident*
wypić imp. **(-iję, -ijesz)**	*boire*
wysoki, -a	*haut, -e*
wyzdrowieć perf. **(-wieję, wiejesz)**	*guérir*
wziąć imp. **(wezmę, weźmiesz)**	*prendre*
z/ze +gén.	*de*
z/ze +instr.	*avec*
za + instr.	*derrière*
zabawka f.	*jouet*
zabierać (się) imp. **(-am, -asz)**	*mettre (se)*
zabytek m.	*monument*
zachód m.	*l'ouest*
zachwycony, -a	*enchanté, -e*
zacząć perf. **(cznę, -czniesz)**	*commencer*
zaczekać perf. **(-am, -asz)**	*attendre*
zaczynać imp. **(-am, -asz)**	*commencer*
zadowolony, -a	*content, -e*
zadwzonić perf. **(-ię, -isz)**	*téléphoner*
zajęty, -a	*occupé, -e*
zakaz m.	*interdiction*
zakochać (się) perf. **(-am, -asz)**	*tomber amoureux*
zakochany, -a	*amoureux, -se*
zakup m.	*achat*
zamawiać imp. **(-am, -asz)**	*commander*
zamek m.	*château*
zamężna	*mariée*
zamówić perf. **(-ię, -isz)**	*commander*
zamykać imp. **(-am, -asz)**	*fermer*
zanieść perf. **(-niosę, -niesiesz)**	*porter*
zapłacić perf. **(-ę, -isz)**	*payer*
zapominać imp. **(-am, -asz)**	*oublier*
zapomnieć perf. **(-ę, -isz)**	*oublier*
zapraszać imp. **(-am, -asz)**	*inviter*
zaprosić perf. **(-szę, -sisz)**	*inviter*
zaproszenie n.	*invitation*
zapytać perf. **(-am, -asz)**	*demander*
zarabiać imp. **(-am, -asz)**	*gagner (de l'argent)*
zaraz	*tout de suite*
zaręczyć (się) perf. **(-ę, -ysz)**	*fiancer (se)*
zarobić perf. **(-ię, -isz)**	*gagner (de l'argent)*
zasada f.	*principe*
zastanawiać (się) imp. **(-am, asz)**	*réfléchir*
zastanowić (się) perf. **(-ię, -isz)**	*réfléchir*
zatrudnić (perf.) **(-ę, -isz)**	*embaucher*
zatrudnienie n.	*emploi*
zatrzymać (się) perf. **(-am, -asz)**	*arrêter (s')*
zatrzymywać (się) imp. **(-uję, -ujesz)**	*arrêter (s')*
zawsze	*toujours*
ząb m.	*dent*
zdrowy, -a	*en bonne santé*
zebranie n.	*réunion*
zegarek m.	*montre*
zejść perf. **(zejdę, zejdziesz)**	*descendre (à pied)*
zepsuty, -a	*panne (en)*
zeszły, -a	*dernier, -ère (passé, -é)*
zgubić perf. **(-ię, -isz)**	*perdre (se)*
zielony, -a	*vert, -e*
ziemniak m.	*pomme de terre*
zima f.	*hiver*
zimny, -a	*froid, -e*
zjeść perf. **(zjem, zjesz)**	*manger*
zlew m.	*évier*
złoty, -a	*doré, -e*
zmęczony, -a	*fatigué, -e*
znać imp. **(-am, -asz)**	*connaître*
znajdować imp. **(-uję, -ujesz)**	*trouver*
znajomy, -a	*copain, connaissance*
znaleźć perf. **(znajdę, -znajdziesz)**	*trouver*
znany, -a	*célèbre*
zostać perf. **(-nę, -niesz)**	*rester*
zostawić perf. **(-ię, -isz)**	*laisser*
zrobić perf. **(-ię, -isz)**	*faire*
zrozumieć perf. **(-em, -esz)**	*comprendre*
zupa f.	*soupe*
zupełnie	*absolument*
zwiedzać imp. **(-am, -asz)**	*visiter*
zwiedzić perf. **(-ę, -isz)**	*visiter*
zwierzę n.	*animal*
zwyczaj m.	*habitude*
zwykle	*habituellement*
zle	*mal*
żart m.	*plaisanterie*
żelazko n.	*fer à repasser*
żeton m.	*jeton*
żołądek m.	*estomac*
żona f.	*femme (épouse)*
żonaty	*marié*
żółty, -a	*jaune*
życzyć imp. **(-ę, -ysz)**	*souhaiter*
żyć imp. **(-yję, -yjesz)**	*vivre*

Lexique français/polonais

à côté de	obok *+gén.*
à	do *+gén.*
à	w/we *+loc.*
absolument	zupełnie
accident	wypadek *m.*
achat	zakup *m.*
acheter	kupić *perf.* (-ię, -isz)
acheter	kupować *imp.* (-uję, -ujesz)
activité	działalność *f.*
addition	rachunek *m.*
adolescent	młodzieniec *m.*
adorer	uwielbiać *imp.* (-am, -asz)
adresse	adres *m.*
adulte	dorosły, -a
aéroport	lotnisko *n.*
affaire	sprawa *f.*
affamé, -e	głodny, -a
affirmer	twierdzić *imp.* (-ę, -isz)
âge	wiek *m.*
aider	pomagać *imp.* (-am, -asz)
aider	pomóc *perf.* (pomogę, pomożesz)
aimer bien	lubić *imp.* (-ię, -isz)
aimer bien	polubić *perf.* (-ię, -isz)
aimer	kochać *imp.* (-am, -asz)
air	powietrze *n.*
aller (à pied)	chodzić *imp.* (chodzę, chodzisz)
aller (à pied)	iść *imp.* (idę, idziesz)
aller (à pied)	pójść *perf.* (pójdę, pójdziesz)
aller (en avion)	latać *imp.* (-am, -asz)
aller (en avion)	lecieć *perf.* (-ę, -isz)
aller (en voiture, en train)	jechać *imp.* (jadę, jedziesz)
aller (en voiture, en train)	jeździć *imp.* (-ę, -isz)
ambulance	karetka *f.*
amende	mandat *m.*
ami	kolega *m.*
ami	przyjaciel *m.*
amie	koleżanka *f.*
amie	przyjaciółka *f.*
amitié	przyjaźń *f.*
amour	miłość *f.*
amoureux, -se	zakochany, -a
amuser (s')	bawić (się) *imp.* (-ię, -isz)
animal	zwierzę *n.*
année	rok *m.*
années	lata *pl.*
anniversaire	urodziny
annuaire	książka telefoniczna *f.*
annuler	odwołać *perf.* (-am, -asz)
août	sierpień *m.*
appartement	mieszkanie *n.*
appeler (s')	nazywać (się) *imp.* (-am, -asz)
apporter	przynieść *perf.* (-niosę, -niesiesz)
apporter	przynosić *imp.* (-szę, sisz)
apprendre	nauczyć (się) *perf.* (-ę, -ysz)
apprendre	uczyć (się) *imp.* (-ę, -ysz)
après-demain	pojutrze
après-midi	popołudnie
arbre	drzewo *n.*
argent liquide	gotówka *f.*
argent	pieniądze
armoire	szafa *f.*
arrêt (d'autobus)	przystanek *m.*
arrêter (s')	zatrzymać (się) *perf.* (-am, -asz)
arrivée (en avion)	przylot *m.*
arriver (à pied)	dojść *perf.* (dojdę, dojdziesz)
arriver (à pied)	przychodzić *imp.* (-ę, -isz)
arriver (à pied)	przyjść *perf.* (przyjdę, przyjdziesz)
arriver (en voiture, en train)	przyjechać *perf.* (-jadę, -jedziesz)
arriver (en voiture, en train)	przyjeżdżać *imp.* (-am, -asz)
arriver à	dojechać *perf.* (dojadę, dojedziesz)
ascenseur	winda *f.*
asseoir (s')	siadać *imp.* (-am, -asz)
assiette	talerz *m.*
assis (être)	siedzieć *imp.* (-ę, -isz)
attendre	czekać *imp.* (-am, -asz)
attendre	poczekać *perf.* (-am, -asz)
attendre	zaczekać *perf.* (-am, -asz)
attention	uwaga *f.*
au sujet de	o *+loc.*
aujourd'hui	dzisiaj
aujourd'hui	dziś
autobus	autobus *m.*
automne	jesień *m.*
autoroute	autostrada *f.*
autre	inny, -a
autrefois	dawniej
autrement	inaczej
avant-hier	przedwczoraj
avant	przed *+instr.*
avec	z/ze *+instr.*
avenue	aleja *f.*
avion	samolot *m.*
avoir	mieć *imp.* (mam, masz)
avril	kwiecień *m.*
bagage	bagaż *m.*
bague	pierścionek *m.*
baigner (se)	wykąpać (się) *imp.* (-ię, -iesz)
baigner (se)	wykąpać (się) *perf.* (-ię, -iesz)
baignoire	wanna *f.*
baiser	ucałowanie *n.*
banane	banan *m.*
banlieue	przedmieście *n.*
banque	bank *m.*

Lexique français/polonais

banquier	bankier *m.*
bateau	statek *m.*
bâtiment	budynek *m.*
beau, belle	piękny, -a
beaucoup	dużo
bébé	niemowlę *n.*
beurre	masło *n.*
bicyclette	rower *m.*
bien	dobrze
bière	piwo *n.*
bijoux	biżuteria *f.*
biscuit	ciastko *n.*
blanc, che	biały, -a
bleu, -e	niebieski, -a
blond	blondyn *m.*
blonde	blondynka *f.*
bœuf	wołowina *f.*
boire	napić (się) *perf.* (-iję, -ijesz)
boire	pić *imp.* (piję, pijesz)
boire	wypić *imp.* (-iję, -ijesz)
boisson	napój
bon, bonne	dobry, -a
bon marché	tanio
bonheur	szczęście *n.*
bouche	buzia *f.*
boucherie	sklep mięsny *m.*
boucle d'oreille	kolczyk *m.*
bouillon	rosół *m.*
bouteille	butelka *f.*
bracelet	bransoletka *f.*
bras	ramię *n.*
bronzer	opalać (się) *imp.* (-am, -asz)
brouillard	mgła *f.*
bruit	hałas *m.*
brun	brunet *m.*
bureau	biuro *n.*
cadeau	prezent *m.*
café	kawa *f.*
caisse	kasa *f.*
caissier	kasjer *m.*
calculette	kalkulator *m.*
caleçon	kalesony *pl.*
camp	obóz *m.*
camping	camping *m.*
canard	kaczka *f.*
canicule	upał *m.*
cantine	stołówka *f.*
carotte	marchewka *f.*
casquette	czapka *f.*
casserole	garnek *m.*
cassière	kasjerka *f.*
ceinture	pasek *m.*
célèbre	znany, -a
célibataire (femme)	panna *f.*
célibataire (homme)	kawaler *m.*
cendrier	popielniczka f
centre	centrum *n.*
cependant	jednak
chaise	krzesło *n.*
chambre à coucher	sypialnia *f.*
chambre	pokój *m.*
champ	pole *n.*
chandail	sweter *m.*
chanson	piosenka *f.*
chanter	śpiewać *imp.* (-am, -asz)
chapeau	kapelusz *m.*
chaque	każdy, -a
charcuterie	sklep z wędlinami *m.*
chasser	polować *imp.* (-uję, -ujesz)
chat	kot *m.*
château	zamek *m.*
chaud, -e	ciepły, -ła
chauffeur de taxi	taksówkarz *m.*
chaussette	skarpeta *f.*
chaussure	but *m.*
chemin de fer	kolej *f.*
cheminée	kominek *m.*
chemise	koszula *f.*
chemisier	bluzka *f.*
chêne	dąb *m.*
chèque	czek *m.*
cher, chère	drogi, -a
cher	drogo
chercher	szukać *imp.* (-am, -asz)
cheval	koń *m.*
chez	u *+gén.*
chien	pies *m.*
chocolat	czekolada *f.*
choisir	wybierać *imp.* (-am, -asz)
choisir	wybrać *perf.* (-biorę, -bierzesz)
chômage	bezrobocie *n.*
chômeur	bezrobotny *m.*
chose	rzecz *f.*
chou	kapusta *f.*
ciel	niebo *n.*
cinéma	kino *n.*
citron	cytryna *f.*
clair, -e	jasny, -a
clé	klucz *m.*
cochon	świnia *f.*
cœur (par)	pamięć (na)
cœur	serce *n.*
coiffeur	fryzjer *m.*
coin	róg *m.*
collier	naszyjnik *m.*
commander	zamawiać *imp.* (-am, -asz)
commander	zamówić *perf.* (-ię, -isz)
commencer	zacząć *perf.* (-cznę, -czniesz)

Lexique français/polonais

commencer zaczynać *imp.* (-am, -asz)
comment jak
commissariat komisariat *m.*
complet garnitur *m.*
comprendre rozumieć *imp.* (-iem, -iesz)
comprendre zrozumieć *perf.* (-iem, -iesz)
compte konto *m.*
compter liczyć *imp.* (-ę, -ysz)
comte hrabia *m.*
comtesse hrabina *f.*
concombre ogórek *m.*
conduire kierować *imp.* (-uję, -ujesz)
conduire prowadzić *imp.* (-ę, -isz)
confiture konfitury *pluriel*
confortable wygodny, -a
connaître znać *imp.* (-am, -asz)
contemporain, -e współczesny, -a
content, -e zadowolony, -a
copain znajomy, -a
connaissance znajomość *f.*
coq kogut *m.*
côtelette kotlet *m.*
coton bawełna *f.*
coucher (se) kłaść (się) *imp.* (-kładę, kładziesz)
couleur kolor *m.*
couloir korytarz *m.*
cour aula *f.*
couronne korona *f.*
cours wykład *m.*
court, -e krótki, -a
court (de tennis) kort (tenisowy) *m.*
cousin kuzyn *m.*
cousine kuzynka *f.*
couteau nóż *m.*
coûter kosztować *imp.* (-uję, -ujesz)
cravate krawat *m.*
créer utworzyć *perf.* (-ę, -ysz)
cuillère (petite) łyżeczka f
cuillère łyżka *f.*
cuisine kuchnia *f*
cuisinière kuchenka f
culotte majtki
curieux, -se ciekawy, -a
cygne łabędź *m.*
d'ici stąd
dans w/we *+loc.*
dans we *+loc.*
danse taniec *m.*
danser tańzyć *imp.* (-ę, -ysz)
de (origine) od *+gén.*
de z/ze *+gén*
debout (être) stać *imp.* (soję, stoisz)
début początek *m.*
décembre grudzień *m.*
décoller odlatywać *imp.* (-uję, -ujesz)
décoller odlecieć *perf.* (-ę, -isz)
déjà już
déjeuner obiad *m.*
demain jutro
demander pitać *imp.* (-am, -asz)
demander zapytać *part.* (-am, -asz)
démarrer odjeżdżać *imp.* (-am, -asz)
demi pół
dent ząb *m.*
dentiste dentysta *m.*
départ (en avion) odlot *m.*
depuis od *+gén.*
député poseł *m.*
dernier, ère (passé, -e) zeszły, -a
dernier, -ère ostatni, -ia
derrière za *+instr.*
descendre (à pied) schodzić *imp.* (-ę, -isz)
descendre (à pied) zejść *perf.* (zejdę, zejdziesz)
déshabiller (se) rozbierać (się) *imp.* (-am, -asz)
dessert deser *m.*
détester nienawidzić *imp.* (-ę, -isz)
deuxième drugi, -a
devant przed *+instr.*
devoir musieć *imp.* (muszę, musisz)
dictionnaire słownik *m.*
diète sejm *m.*
difficile trudny, -a
dimanche niedzela *f.*
dire mówić *imp.* (-ię, -isz)
dire powiedzieć *perf.* (powiem, powiesz)
discothèque dyskoteka *f.*
distraire (se) rozerwać (się) *perf.* (-am, -asz)
divan kanapa *f.*
divorcé, -e rozwiedziony, -a
divorce rozwód *m.*
divorcer rozwieść (się) *perf.* (wiodę, -wiedziesz)
dîner kolacja *f.*
doigt palec *m.*
donner dać *perf.* (-am, -asz)
donner dawać *imp.* (daję, dajesz)
donner podać *perf.* (-am, -asz)
doré, -e złoty, -a
dormir spać *imp.* (śpię, śpisz
douche prysznic *m.*
drapeau flaga *f.*
droit prawo *n.*
droite (à) prawo (na)
droite (à) prawo (w)
duché księstwo *n.*
durer potrwać *perf.* (-am, -asz)
durer trwać *imp.* (-am, -asz)
eau woda *f.*
échanger wymieniać *imp* (-am, -asz)

Lexique français/polonais

échanger	wymienić *perf.* (-ię, -isz)
écharpe	szalik *m.*
école polytechnique	politechnika *f.*
école primaire	szkoła podstawowa *f.*
école	szkoła *f.*
économiste	ekonomista *m.*
écouter	słuchać *imp.* (-am, -asz)
écrire	napisać *perf.* (-szę, -szesz)
écrire	pisać *imp.* (-szę, -szesz)
égarer	gubić *imp.* (-ię, -isz)
église	kościół *m.*
électricien	elektryk *m.*
élégant, -e	elegancki, -a
élève	uczeń *m.*
embaucher	zatrudnić *perf.* (-ię, -isz)
embouteillage	korek *m.*
embrasser	całować *imp.* (-uję, -ujesz)
emploi	zatrudnienie *m.*
employé	urzędnik *m.*
employée	urzędniczka *f.*
en bonne santé	zdrowy, -a
en	we *+loc.*
enchanté, -e	zachowycony, -a
encore	jeszcze
enfant	dziecko *n.*
enfants	dzieci *pl.*
enfin	nareszcie
ennuyer (s')	nudzić (się) *imp.* (-ę, -isz)
ennuyeux, -se	nudny, -a
enregistrer	nagrać *perf.* (-am, -asz)
ensemble	razem
ensoleillé	słoneczny,-a
ensuite	potem
entrée	wejście *n.*
entrer	wchodzić *imp.* (-ę, -isz)
entrer	wejść *perf.* (wejdę, wedziesz)
envie	ochota *f.*
épicerie	sklep spożywczy *m.*
épinard	szpinak *m.*
équipe	drużyna *f.*
erreur	błąd *m.*
escalier	schody *pl.*
espoir	nadzieja *f.*
essayer	próbować *imp.* (-uję, -ujesz)
essayer	spróbować *perf.* (uję. -ujesz)
est-ce que ?	czy?
estomac	żołądek
étage	piętro *n.*
étagère	pólka *f.*
été	lato *n.*
être	być
étudiant	student *m.*

étudiante	studentka *f.*
étudier	studiować *imp.* (-uję. -ujesz)
événement	wydarzenie *n.*
évier	zlew *m.*
examen	egzamin *m.*
exemple	przykład *m.*
exercice	ćwiczenie *n.*
express	ekspres *m.*
facteur	listonosz *m.*
faculté	wydział *m.*
faire attention	uważać *imp.* (-am, -asz)
faire connaissance	poznać *perf.* (-am, -asz)
faire du souci (se)	martwić (się) *imp.* (-ię, -isz)
faire la cuisine	gotować *imp.* (-uję , -ujesz)
faire la lessive	prać *imp.* (piorę, pierzesz)
faire	robić *imp.* (-ię, -isz)
faire	zrobić *perf.* (-ię, -isz)
famille	rodzina *f.*
fatigué, -e	zmęczony, -a
faut (il)	trzeba
fauteuil	fotel *m.*
femme (épouse)	żona *f.*
femme	kobieta *f.*
fenêtre	okno *n.*
fer à repasser	żelazko *n.*
ferme	farma *f.*
fermer	zamykać *imp.* (-am, -asz)
fête	imieniny *pl.*
fête	święto *n.*
feu	ognisko *n.*
février	luty *m.*
fiancé, -e	narzeczony, -a *m. f.*
fiancer (se)	zaręczyć (się) *perf.* (-ę, -ysz)
fier, fière	dumny, -a
filet de porc	schab *m.*
fille	córka *f.*
fille	dziewczyna *f.*
fillette	dziewczynka *f.*
film	film *m.*
fils	syn *m.*
fin	koniec *m.*
finir	skonczyć *perf.* (-ę, -ysz)
fleur	kwiat *m.*
fleuriste	kwiaciarka *f.*
fonctionner	działać *imp.* (-am, -asz)
football	piłka nożna *f.*
forêt	las *m.*
fort, -e	silny, -a
fort (son)	głośno
fortune	majątek *m.*
fourchette	widelec *m.*
frais, fraîche	świeży, -a
Français	Francuz *m.*
Française	Francuzka *f.*

Lexique français/polonais

frapper pukać *imp.* (-am, -asz)
frère brat *m.*
froid, -e zimny, *-a*
fromage ser *m.*
frontière granica *f.*
fruit owoc *m.*
fumer palić *imp.* (-ę, -isz)
futur przyszłość *f.*
gagner (de l'argent) zarabiać *imp.* (-iam, -asz)
gagner (de l'argent) zarobić *perf.* (-ię, -isz)
gagner (jeu) wygrać *perf.* (-am, -asz)
gant rękawiczka *f.*
garçon chłopiec *m.*
gare dworzec *m.*
gâteau ciasto *n.*
gauche (à) lewo (na)
gauche (à) lewo (w)
gens ludzie *pl.*
glace lody *pl.*
gouvernement rząd *m.*
grand, -e duży, -a
grand-mère babcia *f.*
grand-père dziadek *m.*
grands-parents dziadkowie *pl.*
grêle grad *m.*
grippe grypa *f.*
gros, -se gruby, -a
groupe grupa *f.*
guérir wyzdrowieć *perf.* (-eję, -ejesz)
guerre wojna *f.*
habiller (s') ubierać (się) *imp.* (-am, -asz)
habiller (s') ubrać (się) *perf.* (ubiorę, ubierzesz)
habiter mieszkać *imp.* (-am, -asz)
habitude zwyczaj *m.*
habituellement zwykle
haut, -e wysoki, -a
heure godzina *f.*
heureux, -se szczęśliwy, -a
hier wczoraj
hiver zima *f.*
homme d'affaires biznesmen *m.*
homme mężczyzna *m.*
hôpital szpital *m.*
horaire rozkład *m.*
hors-d'œuvre przystawka *f.*
hôte gość *m.*
hôtel hotel *m.*
huile olej *m.*
humide mokry, -a
ici tu
incendie pożar *m.*
infirmière pielęgniarka *f.*
inflation inflacja *f.*
information informacja *f.*
informatique informatyka *f.*
ingénieur inżynier *m.*
inondation powódź *f.*
instant chwila *f.*
instituteur nauczyciel *m.*
institutrice nauczycielka *f.*
interdiction zakaz *m.*
interrompre przerwać *perf.* (-am, -asz)
invitation zaproszenie *n.*
inviter zapraszać *imp.* (-am, -asz)
inviter zaprosić *perf.* (-ę, -iesz) (-szę, -sisz)
jamais nigdy
jambe noga *f.*
jambon szynka *f.*
janvier styczeń *m.*
jardin ogród
jaune żółty, -a
jeton żeton *m.*
jeudi czwartek *m.*
jeune mołdy, -a
joli, -e ładny, -a
jouer grać *imp.* (-am, -asz)
jouet zabawka *f.*
jour dzień *m.*
journal gazeta *f.*
juillet lipiec *m.*
juin czerwiec *m.*
jupe spódnica *f.*
kayak kajak *m.*
kioskiste kioskarz *m.*
kiosque kiosk *m.*
l'est wschód *m.*
l'ouest zachód *m.*
là tam
laid, -e brzydki, -a
laine wełna *f.*
laisser zostawić *perf.* (-ię, -isz)
lait mleko *n.*
lampe lampa *f.*
langue język *m.*
lavabo umywalka *f.*
laver (se) myć (się) imp. (myj się, myjesz się)
laver (se) umyć (się) (-yję, -yjesz)
laver myć *imp.* (myję, myjesz)
leçon lekcja *f.*
léger, -ère lekki, -a
légume jarzyna *f.*
légume warzywo *n.*
lettre list *m.*
lever (se) wstawać *imp.* (wstaję, wstajesz)
liberté wolność *f.*
libre wolny, -a
ligne linia *f.*

Lexique français/polonais

lire	czytać *imp.* (-am, -asz)
lire	przeczytać *perf.* (-am, -asz)
lit	łóżko *n.*
livre	książka *f.*
loin	daleko
long, -ue	długi, -a
longtemps	długo
louer	wynajmować *imp.* (-uję, -ujesz)
lourd, -e	ciężki, -a
lumière	światło *n.*
lundi	poniedziałek *m.*
lunettes	okulary *pl.*
lycée	liceum *n.*
machine à laver	pralka *f.*
Madame	Pani *f.*
magasin	sklep *m.*
mai	maj *m.*
main	ręka *f.*
maison	dom *m.*
mal	źle
malade (être)	chorować *imp.* (-uję, -ujesz)
malade	chory, -a
maladie	choroba *f.*
malheureusement	niestety
maman	mama *f.*
manger	jeść *imp.* (jem, jesz)
manger	zjeść *perf.* (zjem, zjesz)
manifestation	demonstracja *f.*
manquer	brakować *imp.* (-uje)
manteau	płaszcz *m.*
marché	rynek *m.*
mardi	wtorek *m.*
mari	mąż *m.*
marié	żonaty
mariée	zamężna
marier (se) (femme)	wyjść za mąż *perf.*
marier (se) (homme)	ożenić (się) *perf.* (-ię, -isz)
marron	brązowy, -a
mars	marzec *m.*
match	mecz *m.*
matin	rano *n.*
médecin	lekarz *m.*
médicament	lekarstwo *n.*
même (le, la)	sam (ten), sama (ta)
mémoire	pamięć *f.*
mer	morze *n.*
mercredi	środa *f.*
mère	matka *f.*
merveilleux, -se	wspaniały, -a
mettre (se)	zabierać (się) *imp.* (-am, -asz)
meuble	mebel *m.*
midi	południe *n.*
mince	szczupły, -a
ministère	ministerstwo *n.*
minuit	północ *f.*
minute	minuta *f.*
moderne	nowoczesny, -a
mois	miesiąc *m.*
mon, ma	mój, moja
Monsieur	Pan *m.*
montre	zegarek *m.*
montrer	pokazać *perf.* (-żę, -żesz)
monument	pomnik *m.*
monument	zabytek *m.*
morceau	kawałek *m.*
mort, -e	martwy, -a
mot	słowo *n.*
mouchoir	chusteczka *f.*
mourir	umierać *imp.* (-am, -asz)
mourir	umrzeć *perf.* (umrę, umrzesz)
moutarde	musztarda *f.*
mur	ściana *f.*
musée	muzeum *n.*
musique	muzyka *f.*
nager	pływać *imp.* (-am, -asz)
neige	śnieg *m.*
neuf, neuve	nowy, -a
neveu (par soeur)	siostrzeniec *m.*
neveu (par le frère)	bratanek *m.*
nez	nos *m.*
nièce (par la sœur)	siostrzenica *f.*
nièce (par le frère)	bratanica *f.*
noble	szlachcic *m.*
noblesse	szlachta *f.*
Noël	Boże Narodzenie
noir, -e	czarny, -a
nom	nazwisko *n.*
nord	północ *f.*
nouvelle	wiadomość *f.*
novembre	listopad *m.*
nuage	chmura *f.*
nuageux, -se	pochmurny, -a
nuit	noc *f.*
nulle part	nigdzie
numéro	numer *m.*
occupé, -e	zajęty, -a
octobre	październik *m.*
œil	oko *n.*
œuf	jajko *n.*
oignon	cebula *f.*
omelette	jajecznica *f.*
omnibus	pociąg osobowy *m.*

Lexique français/polonais

oncle	wujek *m.*
opération	operacja *f.*
orage	burza *f.*
orange	pomarańcza *f.*
ordinateur	komputer *m.*
ordonnance	recepta *f.*
oreille	ucho *n.*
ou	albo
où	gdzie
oublier	zapominać *imp.* (-am, -asz)
oublier	zapomnieć *perf.* (-ę, -isz)
outil	narzędzie *n.*
ouverture	otwarcie *n.*
ouvrier	robotnik *m.*
ouvrir	otwierać *imp.* (-am, -asz)
ouvrir	otworzyć *perf.* (-ę, -ysz)
pain	chleb *m.*
panne (en)	zepsuty, -a
pantalon	spodnie *pl.*
papa	tata *m.*
pape	papież *m.*
Pâques	Wielkanoc
par	przez *+acc.*
parapluie	parasol *m.*
parc	park *m.*
parce que	bo
parce que	dlatego że
parce que	ponieważ
parents	rodzice *pl.*
paresseux, -se	leniwy, -a
parler	rozmawiać *imp.* (-am, -asz)
parti	partia *f.*
partir (en voiture, en train)	wyjechać *perf.* (-jadę, -jedziesz)
partir (en voiture, en train)	wyjeżdżać *imp.* (-am, -asz)
passage clouté	przejście *n.*
patron	szef *m.*
pause	przerwa *f.*
pauvre	biedny, -a
payer	płacić *imp.* (-ę, -isz)
payer	zapłacić *perf.* (-ę, -isz)
paysan	chłop *m.*
peau	skóra *f.*
pêche	brzoskwinia *m.*
pêcher	łowić *imp.* (-ię, -isz)
peindre	malować *imp.* (-uję, -ujesz)
penser	myśleć *imp.* (-ę, -isz)
penser	pomyśleć *perf.* (-ę, -isz)
perdre (se)	zgubić (się) *perf.* (-ię, -isz)
perdre (jeu)	przegrać *perf.* (-am, -asz)
perdre	stracić *perf.* (-ę, -isz)
père	ojciec *m.*
permis de conduire	prawo jazdy *n.*
personne	osoba *f.*
personnel	personel *m.*
petit, -e	mały, -a
petit déjeuner	śniadanie *n.*
petit-fils	wnuczek *m.*
petite-fille	wnuczka *f.*
pharmacie	apteka *f.*
pièce	sztuka *f.*
pied (à)	piechotą
pied	stopa *f.*
piéton	pieszy *m.*
piscine	basen *m.*
place	miejsce *n.*
plage	plaża *f.*
plaire	podobać (się) *imp.* (-am, -asz)
plaisanterie	dowcip *m.*
plaisanterie	żart *m.*
plaisir	przyjemność *f.*
plat	danie *n.*
pleurer	płakać *imp.* (-czę, -czesz)
pluie	deszcz *m.*
plus	więcej
plutôt	raczej
pluvieux, -se	deszczowy, -a
poche	kieszeń *f.*
poire	gruszka *f.*
poisson	ryba *f.*
poitrine	klatka piersiowa *f.*
poivre	pieprz *m.*
police	policja *f.*
policier	policjant *m.*
Polonais	Polak *m.*
Polonaise	Polka *f.*
pomme de terre	ziemniak *m.*
pomme	jabłko *n.*
ponctuellement	punktualnie
porche	brama *f.*
porte	drzwi *pl.*
porter	nieść *imp.* (niosę, niesiesz)
porter	zanieść *perf.* (-niosę, -niesiesz)
possibilité	możliwość *f.*
poste	poczta *f.*
poule	kura *f.*
pour	dla *+gén.*
pourboire	napiwek *m.*
pourquoi	dlaczego
pouvoir	móc *imp.* (mogę, możesz)
préféré, -e	ulubiony, -a
préférer	woleć *imp.* (-ę, -isz)
Premier Ministre	Premier *m.*
premier	pierwszy, -a
prendre	brać *imp.* (biorę, bierzesz)
prendre	wziąć *imp.* (wezmę, weźmiesz)
prénom	imię *n.*
près	blisko
près de	obok *+gén.*

Lexique français/polonais

présenter	przedstawiać *imp.* (-am, rasa)
présenter	przedstawić *perf.* (-ię, -isz)
Président	Prezydent *m.*
presque	prawie
prier	poprosić *perf.* (-szę, -sisz)
prier	prosić *imp.* (-szę, -sisz)
prince	książę *m.*
princesse	księżniczka *f.*
principal, -e	główny, -a
principe	zasada *f.*
printemps	wiosna *f.*
prix	cena *f.*
problème	problem *m.*
prochain, -e	przyszły, -a
professeur	profesor *m.*
promener (se)	spacerować *imp.* (-uję, -ujesz)
pyjama	piżama *f.*
qualité	gatunek *m.*
quand	kiedy
quart	ćwierć *f.*
quartier	dzielnica *f.*
quel, quelle	jaki, -a
quel, quelle	który, -a
quitter (à pied)	odejść *perf.* (odejdę, odejdziesz)
raccrocher	rozłączyć (się) *perf.* (-ę, -ysz)
raconter	opowiadać *imp.* (-am, -asz)
raconter	opowiedzieć *perf.* (opowiem, opowiesz)
raquette	rakieta tenisowa *f.*
rare	rzadki, -a
réception	impreza *f.*
réception	recepcja *f.*
recevoir	dostać *perf.* (-nę, -niesz)
recevoir	dostawać *imp.* (-aję, -ajesz)
réfléchir	zastanawiać (się) *imp.* (-am, -asz)
réfléchir	zastanowić (się) *perf.* (-ię, -isz)
réfrigérateur	lodówka *f.*
regarder	obejrzeć *perf.* (-ę, -ysz)
regarder	oglądać *imp.* (-am, -asz)
regarder	patrzeć *imp.* (-ę, -ysz)
reine	królowa *f.*
réjouir (se)	cieszyć (się) (-ę, -ysz)
remercier	dziękować *imp.* (-uję, -ujesz)
remercier	podziekować *perf.* (-uję, -ujesz)
rencontre	spotkanie *n.*
repas	posiłek *m.*
repasser	prasować *imp.* (-uję, -ujesz)
reposer (se)	odpocząć *perf.* (-cznę, -czniesz)
reposer (se)	odpoczywać *imp.* (-am, -asz)
réservation	rezerwacja *f.*
réserver	rezerwować *imp.* (-uję, -ujesz)
restaurant	restauracja *f.*
rester	zostać *perf.* (-nę, -niesz)
résultat	wynik *m.*
retard (en)	spóźniony, -a
réunion	zebranie *n.*
réunir	łączyć *imp.* (-ę, -ysz)
réunir	połączyć *perf.* (-ę, -ysz)
réveil	budzik *m.*
réveiller (se)	budzić (się) *imp.* (-ę, -isz)
revenir	wracać *imp.* (-am, -asz)
revenir	wrócić *perf.* (-ę, -isz)
rhume	katar *m.*
rideau	firanka *f.*
rire	śmiać (się) *imp.* (-śmieję, -śmiejesz)
rivière	rzeka *f.*
robe	sukienka *f.*
robinet	kran *m.*
roi	król *m.*
rond-point	rondo *n.*
rose	różowy, -a
rôti	pieczeń *f.*
rouge	czerwony, -a
route	droga *f.*
royaume	królestwo *n.*
rue	ulica *f.*
sable	piasek *m.*
sac à main	torebka *f.*
sac	torba *f.*
salade	sałata *f.*
salaire	pensja *f.*
sale	brudny, -a
salle à manger	jadalnia *f.*
salle de bains	łazienka *f.*
saluer	pozdrawiać *imp.* (-am, -asz)
saluer	pozdrowić *perf.* (-ię, -isz)
salutation	pozdrowienie *n.*
samedi	sobota *f.*
sandwich	kanapka *f.*
sang	krew *f.*
sans doute	chyba
soûler (se)	upić (się) *perf.* (-iję, -ijesz)
saucisse	kiełbasa *f.*
sauter	skoczyć *perf.* (-ę, -ysz)
savoir	umieć *imp.* (-em, -esz)
savoir	wiedzieć *imp.* (wiem, wiesz)
savon	mydło *n.*
sec, sèche	suchy, -a
sécheresse	susza *f.*
secrétaire	sekretarka *m.*
sel	sól *m.*
semaine	tydzień *m.*
sénat	senat *m.*
sénateur	senator *m.*
sentir (se)	czuć (się) *imp.* (-uję, -ujesz)
septembre	wrzesień *m.*
serviette	ręcznik *m.*

Lexique français/polonais

serviette	serwetka *f.*
servir	podawać *imp.* (-aję, -ajesz)
seul, -e	sam, sama
seulement	tylko
signature	podpis *m.*
sincèrement	serdecznie
ski	narta *f.*
sœur	siostra *f.*
soir	wieczór *m.*
soleil	słońce *n.*
sommeil	sen *m.*
sonner	dzwonić *imp.* (-ię, -isz)
sonnette	dzwonek *m.*
sortie	wyjście *n.*
sortir (à pied)	wychodzić *imp.* (-ę, -isz)
sortir (à pied)	wyjść *perf.* (wyjdę, wyjdziesz)
sortir, quitter (à pied)	odchodzić *imp.* (-ę, -isz)
souhaiter	życzyć *imp.* (-ę, -ysz)
soupe	zupa *f.*
sous	pod *+instr.*
souvenir (se)	pamiętać *imp.* (-am, -asz)
souvent	często
stylo à bille	długopis *m.*
sucre	cukier *m.*
sud	południe *n.*
suffoquer	dusić (się) *imp.* (-szę, -sisz)
sûr, sure	pewien, pwena
sur	na *+loc.*
surprise	niespodzianka *f.*
surveiller	pilnować *imp.* (-uję, -ujesz)
table	stół *m.*
taille	rozmiar *m.*
taire (se)	milczeć *imp.* (-ę, -ysz)
tante	ciotka *f.*
tapis	dywan *m.*
tard	późno
taxi	taksówka *f.*
téléphérique	kolejka linowa *f.*
téléphone	telefon *m.*
téléphoner	zadzwonić *perf.* (-ię, -isz)
télévision	telewizja *f.*
temps (météo)	pogoda *f.*
temps	czas *m.*
tennis	tenis *m.*
tente	namiot *m.*
terminer (se)	kończyć (się) *imp.* (-ę, -isz)
tête	głowa *f.*
thé	herbata *f.*
théâtre	teatr *m.*
ticket	bilet *m.*
tiroir	szuflada *f.*
tissu	tkanina *f.*
tomate	pomidor *m.*
tomber amoureux	zakochać (się) *perf.* (-am, -asz)
tomber	padać *imp.* (-am, -asz)
tomber	paść *perf.* (padnę, padniesz)
tôt	wcześnie
toucher	dotykać *imp.* (-am, -asz)
toujours	zawsze
tourner	skręcać *imp.* (-am, -asz)
tourner	skęrcać *perf.* (-ę, -isz)
tousser	kaszlać *imp.* (-szlę, -szlesz)
tout, -e	cały, -a
tout de suite	zaraz
tout droit	prosto
traduire	tłumaczyć *imp.* (-ę, -ysz)
train	pociąg
tramway	tramwaj *m.*
transmettre	przekazać *perf.* (-żę, -żesz)
travail	praca *f.*
travail	robota *f.*
travailler	pracować *imp.* (-uję, -ujesz)
traverser	przechodzić *imp.* (-ę, -isz)
traverser	przejść *perf.* (przejdę, przejdziesz)
très	bardzo
triste	smutny, -a
troisième	trzeci, -a
tromper (se)	mylić (się) *imp.* (-ę, -isz)
tromper (se)	pomylić (się) *perf.* (-ę, -isz)
trottoir	chodnik *m.*
trou	dziura
trouver, sentir	sądzić *imp.* (-ę, -isz)
trouver	znajdować *imp.* (-uję, -ujesz)
trouver	znaleźć *perf.* (-znajdę, -znajdziesz)
un, une	jeden, jedna
un et demi	półtora
un lac	jezioro *n.*
unique	jedyny, -a
université	uniwersytet *m.*
usine	fabryka *f.*
vacances	wakacje *pl.*
vache	krowa *f.*
valise	walizka *f.*
vendeur	sprzedawca *m.*
vendeuse	sprzedawczyni *f.*
vendre	sprzedać *perf.* (-am, -asz)
vendre	sprzedawać *imp.* (-aję, -ajesz)
vendredi	piątek *m.*
vent	wiatr *m.*
ventre	brzuch *m.*
verre	szklanka *f.*
vers	do *+gén.*
vers	na *+acc.*
vers où	dokąd
vert, -e	relony, -a
veste	kurtka *f.*
veston	marynarka *f.*
vêtement	ubranie *m.*
veuf	wdowiec *m.*

Lexique français/polonais

veuve	wdowa *f.*
viande	mięso *n.*
vieillir	starzeć się *imp.* (-eję, -ejesz)
vieux, vieille	stary, -a
village	miasteczko *n.*
village	wieś *f.*
ville	miasto *n.*
vin	wino *n.*
visage	twarz *f.*
visiter	zwiedzać *imp.* (-am, -asz)
visiter	zwiedzić (-ę, -isz)
vivre	żyć *imp.* (-yję, -yjesz)
vodka	wódka *f.*
voilà	oto
voir	widzieć *imp.* (-ę, -isz)
voisin	sąsiad *m.*
voiture	samochód *m.*
volley-ball	siatkówka
volontiers	chętnie
voter	głosować *m.* (-uję, -ujesz)
vouloir	chieć *imp.* (chcę, chcesz)
voyage	podróż *f.*
voyager	podróżować *imp.* (-uję, -ujesz)
vraiment	naprawdę
wagon-lit	wagon sypialny
wagon-restaurant	wagon restauracyjny *m.*
wagon	wagon *m.*
yeux	oczy *pl.*

POCKET - 92, avenue de France - 75013 Paris

Dépôt légal : mars 2012

Imprimé en France par EPAC Technologies
N° d'impression : 4550414335820
Dépôt légal : mars 2012